與成功擦肩而過的50個壞習慣

井上裕之

楓書坊

人很難憑自己的力量了解自己。

即使回想過去的記憶，即使細數自己喜歡的事物，還是有很多人會說：「我不懂我自己」。

可是有一件事，能夠清楚展現你是個怎樣的人。

那就是「習慣」。

想要知道對方是什麼樣的人，真正重要的不是他嘴裡說的話，而是他的行為。

說得再怎麼多，如果沒有做出相應的行動，就無法獲得他人的信賴，畢竟話怎麼說都可以。

正因如此，我們應該關注行為而非言語；而成為行為之源頭的，就是「習慣」。

你的習慣深深烙印在你的內心深處。

因此，改變習慣所產生的影響，比任何事情都來得深刻。

每個人都希望「實現夢想」、「成功達陣」。

但是在不清楚自己是什麼樣的人的情況下還想繼續前進，那就像搭乘沒有操縱桿的飛機一樣，雖然坐上去了，卻無法飛行與降落。

首先，你需要了解自己。

為此，知道自己現在擁有什麼樣的習慣，是你最優先要做的事。

只要抱持這樣的思維，就能隨時客觀審視自己的行為。

如此一來，也能逐漸分辨出好的習慣與壞的習慣，不知不覺間便能做出更接近理想自我的選擇。

換句話說，知道現在的習慣，並對其做出改變，就是實現夢想與希望的捷徑。

Prologue

「習慣」形塑了你

不論是誰，都能感覺到新的時代即將來臨。

這不只是指日本的年號變了。

隔著口罩吹來的風，帶來與以往截然不同的日常生活。

隨著空前的**新冠**疫情，任何事物的真正價值都必須面臨考驗。

有一件毫無疑問的事實是：我們正處在不得不審視以往做法的局面中。

說到這裡，或許有人會感到悲觀消極，但其實這個狀況，**正是重新修正個人習慣的絕佳機會。**

在這個不論是誰都得強制改變的時代，若只是沿襲至今以來的做法，那就不只是

落伍的問題，還很可能會被認為是個無知又無能的人。

然而，隨著年齡增長，人會變得厭惡改變。

中高年齡層難以提起勁採納新事物，正是出於這個原因。

相對地，年輕世代喜歡變化，也更具有接受新方法的靈活性。

「現在△△在流行」、「從今以後××會變成主流吧」這類對話，顯然更常出現在年輕世代之間。

就以現在來說，上司向下屬請教線上會議工具的使用方式，或詢問ＩＴ相關用語，早已是司空見慣的情景，每個人都能親身感受到，原本金字塔型的社會體系正逐漸崩解。

正因如此，現在已漸漸不再是個靠年齡與職業資歷來選人的時代了。

換句話說，**任何人都能平等地獲得機會**，這就是當今日本的實際情況。

不論是工作還是戀愛，**最後勝利的都是「被選上的人」。**

社會上那些被稱為成功人士的人，也都是因為「被選上」而成為成功人士。換言之，沒被選上的人，便無法成為成功人士。

決定你人生走向的，正是能否持續被選上這件事。

然後，**究其根本，關鍵在於「習慣」的養成。**

因為你說出的話與做出的行為，正是來自於你所擁有的習慣。

令人意外的是，人其實不太了解自己。

但如果你能清楚知道自己擁有什麼樣的習慣，就能看穿自己的全部。

也就是說「**你＝你的習慣**」。

為了更加了解自己，本書將從「習慣」這個角度切入。

習慣深深扎根於潛意識之中，**可以說，是潛意識形塑了你的習慣。**

只要知道你的習慣，同時也就能了解你自己的過去。

不過這麼一說，可能有人會想：「既然過去無法改變，那不也就無法改變習慣嗎？」

但其實，**習慣是可以改變的。**

因為未來的習慣，是你可以從此時此刻開始重新打造的。

為此，**首先要掌握的是「我自己有哪些習慣」。**

如果能做到這一點，就能培養出新的眼光，用懷疑的態度去看待那些至今為止理所當然的行為。

如此一來，就能下意識地判斷一個習慣的好壞，並自然而然地做出正確的選擇。

要想成為理想中的自己，就要培養出理想的習慣。

這就是通往成功的捷徑。

正是在這個每個人都數著一二三、從相同起跑線開始前進的時代，我們才更應該察覺並捨棄過去那些不好的習慣，重新打造全新的自己。

能掌握這個關鍵的人，才能在真正意義上生存於這個新時代。

前言就先說到這裡，差不多該進入正題了。

希望本書能幫助你了解自己的習慣，並成為這個新時代中「持續被選上的人」。

第2章

不該養成的時間運用法

第3章

不該養成的工作方式

第4章

不該養成的人際關係應對法

第5章

不該養成的金錢習慣

第 1 章

不該養成的思考方式

習慣 01

不該養成的！

有自我否定傾向

這麼做更順利！

絕對不否定自己

一旦否定自我，就會削弱自己的能量。

舉例來說，在肌力測試前說「我怎麼可能測出好成績」和說「我絕對要測出好成績！」相比，最後測出來的結果會有顯著差異。

頂尖運動員之所以從不說喪氣話，就是因為他們非常清楚，親口說出的話語會形塑現實。

說到底，你會想跟整天否定自己的人待在一起嗎？

「我只是個醜八怪。」
「這個工作我做不來。」
不會有人覺得把這些話掛在嘴上的人「很有魅力」或「很帥氣」吧。
當然，保持謙虛也很重要。
可是我們也必須認識到，**謙虛與自我否定是完全不同的態度。**

比如別人稱讚你「好厲害喔！」時，你會做出什麼回應呢？
「沒什麼啦，△△先生比較厲害。」
「不不不，只是碰巧做到而已，我還不夠成熟啦。」
應該有很多人會不禁脫口說出這些話吧。

像這樣在謙虛的同時又否定自己的人非常多。
即使自認是在表現謙虛，然而從自己嘴裡說出的**自我否定，就會悄悄埋進你的潛**

意識裡，並在未來的某一天化為你的言語與行動，最終一語成讖。

一流人士不會說出那些自我否定或過度謙虛的話。**當別人稱讚或給予好評時，他們只會輕描淡寫地說一句「謝謝」，這才是真正的一流。**

另一個需要注意的是，就算你自己沒有說出口，**如果你身邊的人總是在否定自我，那種心態也會同樣深埋進你的潛意識中。**

談到「習慣」，大家往往會以為這是源自於自己說出的話或做出的行為，但實際上並非如此；進入你眼睛與耳朵的一切，都會悄悄躲進潛意識，最終形塑你的習慣。

甚至可以說，**光是與那些整天否定自己、滿口負面詞彙的人相處，你就可能在不知不覺間養成否定自己的習慣。**

如果你身邊有這樣的人，為了你的未來，我建議還是盡量與對方保持距離。

畢竟，自我否定與負面詞彙不只會削弱你的能量，還會影響你的運氣，甚至奪走原本光輝燦爛的未來。

自我否定會降低能量

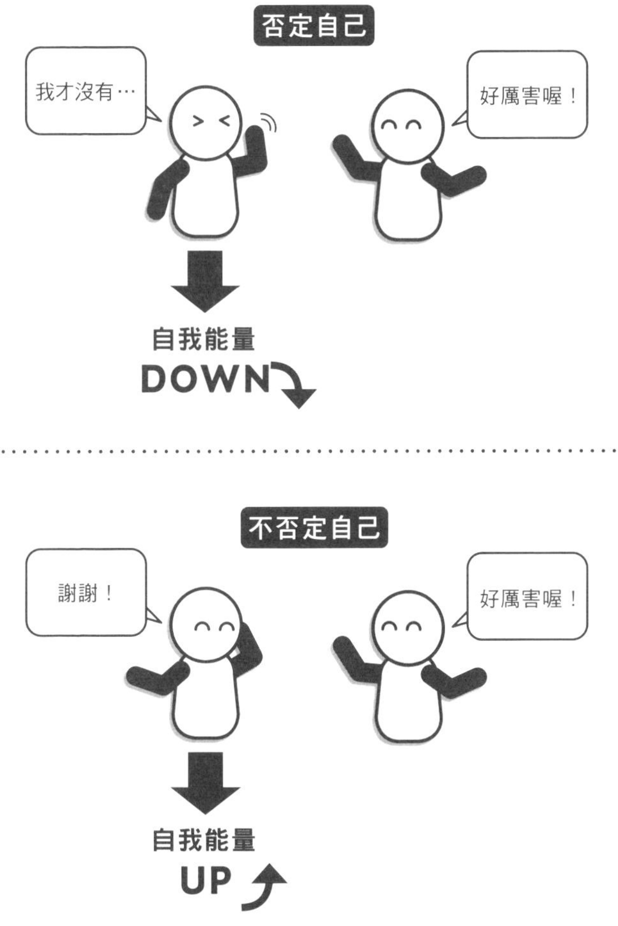
否定自己
我才沒有⋯
好厲害喔！
自我能量
DOWN
不否定自己
謝謝！
好厲害喔！
自我能量
UP

不該養成的！

在正式場合不使用負面詞彙

這麼做更順利！

就算獨處也不使用負面詞彙

「最好不要說些負面詞彙。」

不論哪一本講述自我成長的書都會這麼寫。

閱讀本書的你，或多或少應該也曾在某處聽過這個建議吧。

如前面所述，負面的話語會烙印在你的潛意識中，成為你習慣與行為的源頭。

換句話說，**只要不使用負面詞彙，就有機會養成良好習慣，並創造更好的人生**。

我想這麼說應該也不為過吧。

然而，就算你知道不應該使用負面詞彙，但是否也曾這麼想過呢？

「畢竟是人嘛，偶爾抱怨一下、說點喪氣話也是沒辦法的事。」

「只要在公眾場合講些正面積極的話不就可以了嗎？」

「如果是在房間裡獨處，那麼大聲埋怨幾句應該也沒關係吧。」

即使了解負面詞彙不會帶來好的影響，不過實際上，絕大多數的人應該都是這麼想的吧。

以前曾有位認識的女性創業者這麼對我說。

「若想改變人生，那麼就算只有一句，也絕不該說些負面消極的話。人生是由言語的乘法所組成的，不論在人前所說的話有多麼正向，但只要有一個零，就會全部歸零。」

的確，她無論在哪種場合都絕不會使用負面詞彙。

不管是什麼對象、什麼話題，她出眾的用字遣詞，始終都能巧妙地將人的思考帶往正面方向。

正因如此，聚集在她身邊的，全都是和她一樣只使用正面詞彙的人，並由此產生了正向的循環。

你如果認真想改變人生，那麼就該養成習慣「連一句負面的話都不說」。

只有做到這件事的人，才能取得通往真正成功人士的車票。

另一個更加重要的是「選擇什麼話來說」。

日語中有大量同類的詞彙。

舉例來說，光是談「價值」這一個單字，就有「真正價值、長處、優點、優勢、可取之處、美處」等等各式各樣的同義詞。

「女性的價值由自己決定」與「女性的長處由自己決定」，這兩句話所表達的語感顯然不同。

也就是說，隨著你選用不同的詞，你給他人的印象也會發生改變。

話雖如此，應該有很多人不知道該選用什麼樣的詞彙吧。這個時候，**選擇「一流的人會使用的詞」就對了。**

在社會上被稱為一流人士或成功人士的人，肯定都是能為周遭帶來影響的人。這些人通常善於挑選所使用的詞彙，可說正是言語的力量發揮了作用，才讓他們收穫成功也不為過。

使用與一流人士相同的詞彙，便代表著與一流的人共享同一份價值觀。還請各位了解詞彙的重要性，養成挑選用詞的習慣吧。

習慣 03

不該養成的！

為了實現夢想需要努力

這麼做更順利！

為了實現夢想不需要努力

成功人士有著「不將努力視為努力」的共通點。

這是因為他們對於完成後會取得什麼結果有著清晰的認識，因而將取得結果之前的一連串程序看作是**「過程」而非「努力」**。

要是你認為為了實現夢想與目標需要努力，那麼請你思考，那是否真的是你想做的事？

若你覺得為了夢想就該「努力做什麼」或「堅持拚命」，那麼你最好重新審視看看，前方的夢想是否真的值得這份「努力」。

會這麼說，是因為**在認為自己「正努力做著什麼」的那個瞬間，你其實就已經無法再感受那項事物的樂趣了。**

以前我曾在早稻田大學的課堂上被學生問了這麼一個問題。

「井上老師，您在工作中有過什麼痛苦的事嗎？」

我馬上這麼回答。

「怎麼可能有呢。」

學生們哄堂大笑，而我繼續說下去。

「我在面對任務時總是以價值為目的來採取行動，也就是說，我所採取的行動都會通向目的或夢想，所以我從不會感到痛苦。」

學生們聽完頻頻點頭，也就認同了我的想法。

實現目的或夢想本就會有充實感，而這份充實感中並不會產生「痛苦」的感受。

若你為了實現夢想，**開始覺得「雖然痛苦但還是要努力」，那就表示這很有可能不是你真正想做的事，或想實現的夢想。**

進一步說，就算在實現真正夢想的過程中有諸多不順，但你心中的念頭也應該要是「你們等著看」或「我不想輸」等等。

換言之，**在思考「不努力就無法實現夢想」的那個瞬間，你就已經失去實現夢想的氣魄了。**話雖如此，為了獲得什麼，也的確需要學習。

根據杜拉克所說，「做出決策」有以下5個步驟。

步驟1：指出問題的種類
步驟2：辨清做出決策時應該滿足的所有必要條件
步驟3：了解什麼是正確的
步驟4：將決策化為行動
步驟5：從結果得到反饋

杜拉克想表達的是，在想要做什麼事之前，**決定這件事本身是不是真有必要，是非常重要的環節**；若能據此弄清楚「這件事是否有意義與價值、是否能打從心裡感受到喜悅」再採取行動，那麼肯定就不會後悔。

在了解這一點後，若是覺得你現在正在做的**「好像不是真的該做的事」，那麼將立刻放棄也視為一個選項會是比較好的做法。**

不過正是在這種時候，**才更要回想開始做這件事的初衷。**

舉例來說，若你猶豫要不要辭職離開公司，就回想當初進入公司時，是抱著什麼意圖來工作的。要是回想起當時的心情後，還是想離職，那我想這就是最佳的選擇。

最糟糕的情況，其實是「沒特別原因卻感覺想要離職」。會有「感覺想要離職」的想法，原因自然出在當初只是「憑感覺進入這間公司工作」。

總是不斷跳槽，或不管做什麼工作都無法持久的人，最重要的首先就是養成「不再憑感覺做事」的習慣。

人生無法練習，永遠都是正式上場、一次決勝負。看重直覺或情感雖然也很重要，但當你想要嘗試新事物時，還請各位對自己的話語與行動負起責任。

習慣 04

不該養成的！

對負面評價感到失落

這麼做更順利！

從負面評價中找出價值

熟識的作家曾跟我說過，作家裡也分為一定會看亞馬遜評價的人，以及完全不看評價的人。

我自己屬於盡量會去看評價的那種人。

雖然這當中也有言詞辛辣的意見，但這些**正好能當成我下一份企劃的參考，因此我反而將其視為很值得感謝的建議。**

剛以作家身分出道時，我也曾因為負面評價而感到失望難過。

可是我也的確有過，因為負面評價而催生出下一部作品的經驗，因此在那之後，**我自然地養成了不將負面評價視為負面的習慣。**

確實，每個人都不喜歡別人說自己壞話。

但人只有經過他人評價，才會成長。

在負面評價中，一定存在能告訴你不足之處的提示。也就是說，負面評價正提供了你成長的契機。

這麼想來，面對你身邊那些「總是對你發脾氣的人」、「會反對你的人」、「常常抱怨你的人」，你對他們的觀感應該也會有所轉變。

如果能養成將批判視作難能可貴的意見並接納的思考習慣，那麼你的言行都會發生變化，總有一天，與對方之間的關係也會隨之改變。

此時，**「誰對你這麼說」**也是一個重要關鍵。

把批判當成樂子的網民，或總是說他人壞話的人，我們沒必要從這些人的批判中找出什麼價值。**你應該坦率接納的是那些來自你尊敬的上司、前輩或朋友的批判。**

正是在被批判或被提醒的時候，我們更要隨時意識到，這些都是「催生好結果的過程」。

這麼一來，你就能養成一種習慣——不論別人對你說什麼，都能在一瞬間「將負面評價當作正面的能量」，根本就沒有時間沮喪。

在這個世界上，只存在兩種事物。

實際發生的「事實」與接受事實時的「情感」。

面對不好的事情，要抱持什麼樣的解釋，完全是你的自由。

既然如此，那我們更應該以積極正向的態度來看待一切。

若能慢慢養成這樣的習慣，**那就不會過度在意他人眼光與評價，並因此感到沮喪失落。**

正面看待負面評價！

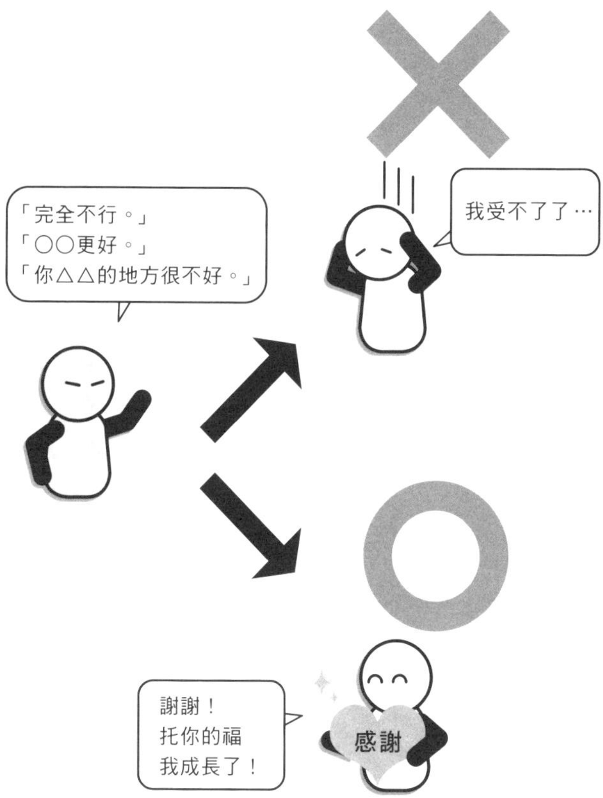
「完全不行。」
「○○更好。」
「你△△的地方很不好。」
我受不了了…
謝謝！
托你的福
我成長了！
感謝

習慣 05

不該養成的！

因無法抑制怒氣而後悔

這麼做更順利！

將生氣當作是「回顧自身的機會」

人對某件事物發脾氣時，一定有其生氣的理由。

光只是因為身體不舒服或心情不好，人不會氣到「無法壓抑怒氣」的程度。

既然如此，氣到無法控制情緒的狀態，也就表示背後肯定還隱藏著真正的理由。

我常常在採訪或講座中被問到：「井上老師有生氣過嗎？」其實，**我不論在工作上還是私底下都不會生氣。**

儘管我不跟會令人生氣的人待在一起也是原因之一，但更重要的是我知道，**生氣**

不會為我們帶來任何好處。

以前去國外旅行時，確實曾因為「交通工具不如日本那樣準時可靠」而感到煩躁火大。

但正是在這瞬間，我才察覺到彼此之間的文化差異，反而覺得剛剛生氣的自己「是用自己的尺度來衡量別人」，更需要反省。

換言之，**生氣是一個回顧並審視自己的好機會。**

不過世界上也有「整天都在生氣的人」。他們不論面對任何事、任何人，思考方式最終都會傾向生氣。這也是事實。

作為一名牙醫，在與不同患者接觸時，我每天都能實際感受到，這個世界上真的有各式各樣的人。

總是抱怨東抱怨西的人，總是說某人壞話的人，這些連員工都感到困惑的「麻煩患者」，偶爾也會來到我的醫院。

不過我面對這樣的患者，反而更想安慰與體貼對方，這是因為，**這種人真正想要的是別人溫柔對待他**。

這些被他人視作「麻煩的人」、「惹人厭的傢伙」，不管去到哪裡，都會被貼上這樣的標籤。

正因如此，他們也比別人更渴望他人的愛。

若能態度親切地體諒他們，他們就會做出截然不同的反應。

這些人起初只會嘮叨抱怨，可是到了診療完成時，他們就會從「總是在生氣的討厭鬼」變成「心平氣和的人」。至今為止，我已見過無數像這樣的患者。

正是在這火大、想要向對方生氣的時刻，才更要養成體貼對方的習慣。若能抱持這樣的觀念，那麼就不會因為發洩情感而感到後悔，或是因想要改變對方而煩惱。

你首先該做的，就是貼近對方的心。

看穿對方的真心，而非表面的言行，給予對方真正想要的東西吧。

將憤怒轉化為正向情感

氣噗噗
別開玩笑了！
太扯了！

生氣沒有任何好處！

不該這樣

為什麼自己
會生氣呢？

生氣是反省自己的機會！

習慣 06

不該養成的！

放不下痛苦的過去

這麼做更順利！

感謝痛苦的過去

「在裝了水的杯子裡滴入1滴藍色墨水。你該怎麼做才能將那杯水回復成透明的水？」

在談到與潛意識有關的話題時，我時常詢問別人這個很好懂的範例。

答案是加入很多透明的水。

這麼做，杯中的水自然就會回復成透明的水。

所謂痛苦的過去，就是那1滴藍色墨水。

為了消除藍色墨水，只要不斷加入透明的水，也就是持續做著令人開心的事情就好了。

人心就跟這杯水一樣，構造非常簡單。

「放不下痛苦的過去」這個狀態，就意味著持續浸泡在藍色混濁的水裡面。

從藍色混濁的水裡看出去的景色，當然怎麼看都會是藍色的。

即使杯子外頭發生了令人開心的事情，但隔著一層藍色的濾鏡，永遠都不會覺得開心。

待在這裡面，任誰來看都不會覺得外面的世界很有吸引力。

因此，我們要做更多開心的事情，把水回復成透明的。

舉例來說，你跟自己最愛的人分手了，肯定會感到消沉失落；但如果之後和更棒的人在一起，那麼你就不會被困於痛苦的過去當中。

與此相同，**只要去做遠比所有挫折與艱辛還要更多、更快樂的事，那麼就能輕易脫離「放不下過去」的狀態。**

我也曾經有過高中升學考試失敗的經驗。

中學時期，因為我成績名列前茅，所以其他人建議我去參加明星高中的入學考試。我當時也覺得自己能夠輕鬆考上。

可最後的結果是……沒能考上。

情況一轉，我從天國掉進了地獄。

即使進入了第二志願以後的高中就讀，但我始終未能從那場挫敗中走出。在入學典禮之後的3個月，我都未曾去學校上過課。

我心想「這樣下去不行」，於是轉換心情，最終還是開始去高中上學了。現在回想起來才實際感受到，**那時的挫折正是形塑現在的我的源頭。**

那段「3個月都沒去學校上課」的時光，是現在想做也做不到的經驗。

「不論何時都不該得意忘形。」

「該做的事一定要按部就班做得踏實才能成為自己的血肉。」

正是因為有過在那段時間裡從錯誤中學習並摸索的經歷，才能得到這樣的教訓。

想要擁有豐富多彩的人生，那就只能從你自身的經驗中學習。

你認為的「痛苦過去」，對你的人生而言是必要且寶貴的經驗。

請別忘了，得到這份經驗的你將是個很有價值的人，你一定能從中獲得掌握幸福的關鍵。

習慣 07

不該養成的！

滿足於維持現狀

這麼做更順利！

總是思考「還欠缺什麼？」

這世上有兩種類型的人。

「接受進化的人」與「害怕進化的人」。

接受進化的人，不論時代如何演變，都能自然地將變化融入自身。

相反地，害怕進化的人則會拚命維持現狀，並覺得現狀才是最好的。

在這個日新月異的時代，事物的價值會不斷產生變化。

在這種世界中，**若只是一直保持相同的做法，別說是維持現況了，就算說是一種**

倒退也不為過。

你的身邊應該也有不少對現況感到滿足的人。

像這樣的人，或許會抱持著「貫徹做一件事才是好事」的信念，但與此同時，心裡深處其實也很有可能是害怕自身的變化。

現在這個日本，重視傳統、將不改變做法視為指標的方針，不論在商務上還是個人的成長上，都是錯誤的思維，這早已是眾所周知的事實。

以重量訓練來舉例，這就像是不知道身體會隨著年齡而產生變化，因此多年來都只做同一套訓練。這麼一來，不管堅持多久都無法得到應有的效果。

精確掌握隨著年齡而變化的身體，並配合身體選擇適當的訓練方式，這樣才能訓練出良好的肌肉。

儘管如此，**若只是深信「這套訓練最適合自己」，然後不斷做著相同的訓練，反**

而會造成身體的傷害。

而這就是看似維持現狀，其實正在倒退的一個例子。

在商務上，會要求你能配合時代需求到什麼地步。

再怎麼高品質的服務、再怎麼優秀的產品內容，如果不能採納符合時代的創新精神，那肯定賣不出去。

現在缺少的是什麼，市場的需求是什麼。

還請隨時抱持懷疑的目光，來看待自己的服務或產品內容。

若能養成這個習慣，自然而然地就不再只會滿足於維持現狀。

習慣

不該養成的！自信要由別人給予

這麼做更順利！自信要靠自己創造

愈是沒有自信的人，愈執著於社會上的評價。

有些人會把「我已經很拚命了，希望別人能夠更加認同我」，或「我都這麼努力了，希望別人能夠多稱讚我一點」等等話語掛在嘴上。愈把這些當口頭禪的人，愈沒有自信。

正是因為要靠他人的評價來填補內心缺乏的自信，才會把這些話說出口。

所謂的自信，不是由他人給予的東西。

這個社會上的人沒什麼餘力能夠隨時給你期望已久的自信，哪怕你真的完成了什麼，也無法保證某個人會大力讚揚你來增強你的自信。

正因如此，**自信只能靠自己創造。**

世界上有許多人，因為沒有自信而陷入苦惱當中。

雖然各有各的理由，但大多數人應該都是因為無法喜歡上自己，所以才沒辦法抱持自信。

不過，所謂無法喜歡上自己，通常是因為認為「(明明自己還可以做得更好，但)現實並非如想像的那樣」。

換句話說，「無法喜歡上自己、無法認同自己」的人，才是真正自我評價高的人。

然而，不知為何卻總以為「只要得到他人的認同，就能產生自信、就能喜歡上自己」。

像這樣的人，不論別人說什麼，都無法對自己有信心。

這是因為他們實際上對自己的評價很高，只是稱讚一下無法加強他們的自信。

既然如此，那就更應該靠自己認同自己，否則也沒有其他培養自信的方法了。

從潛意識的觀點來說，**為了喜歡上自己，最有效果的首先便是用自己說的話來稱讚自己。**

「我真可愛。」

「我超厲害！」

每天一次也好，像這樣稱讚自己吧。

就算心裡不這麼想，但開口說出稱讚自己的話，會灌輸到你的潛意識當中，最終讓你獲得真正的自信。

真正能夠控制你的，只有你自己。不是上司、朋友、情人，也不是家人，就只有你自己。

等待他人的評價，就等於將你自己的人生交給其他人。各位不覺得把自己的人生全托付給別人，是一件很荒謬的事嗎？

如果想要培養自信，那麼每天一句話也好，還請養成看著鏡子對自己說「我今天也努力過了」的習慣。

就是這麼一句話，終將匯聚成強大的自信。能真正感覺到自信的那一天，一定會來的。

習慣 09

不該養成的！
被自卑所苦

這麼做更順利！
自卑才是魅力所在

我認識一位專精美容治療的皮膚科醫師，他曾說過以下的話：

「有很多人覺得放大眼睛、加高鼻子就能變漂亮。當然，回應對方的期許是我們的工作，然而更重要的，其實是五官的比例是否適當，而且左右對稱。」

的確，常有人說「真正的美麗來自對稱」。

帕德嫩神廟等建築，也正是因為對稱而顯得美麗。

可是建築物跟人是不一樣的。

不完美的地方才是那個人的特色，也是魅力所在。

那位瑪麗蓮・夢露，雖然臉部輪廓與五官都呈現完美的對稱，但左臉上的那顆痣，恰恰突出了她的絕代風華。

也就是說，正是因為不完美，才產生了特色與價值。

可是，**許多人都會將與他人比較後不一樣的部分，看作是「自卑的地方」。**

我並不是沒有這種自卑感。

由於我的聲音以男性來說偏高，因此我每次看到用低沉、有磁性的嗓音說話的人，都會覺得「要是我的聲音低一點、好聽一點就好了」。

不過，來參加我研討會的客人曾跟我說：「井上老師的聲音跟外表有些反差，這點真是不錯。聲音比想像中更清亮，讓我很有好感。」所以我後來開始覺得：「這個聲音是我的特色，我是這種聲音真是太好了。」

換言之，**你感到自卑的地方，在他人看來，很有可能正是那獨一無二、僅屬於你的魅力。**

無論是Panasonic的創辦人松下幸之助，還是被稱為納稅王的齋藤一人，他們都說過：「因為我沒有學歷，才獲得成功。」

要是他們對沒有學歷這件事抱持著自卑感，想必他們就不會成功了。

除此之外，**自卑有時候也會對人際關係產生正面作用。**

舉例來說，在做簡報時，比起那些說話充滿自信、堂而皇之的人，那些雖然緊張、但仍努力開口說話的人，更容易讓人產生好感。

顯露自己的弱點與自卑處，對其他人而言，往往能帶來正向積極的結果。

既然如此，若希望對方對自己抱持好意，那就更要將自己感到自卑的地方告訴對方。各位不覺得這是能夠快速拉近與對方距離的好方法嗎？

也就是說，自卑可以是你最能發揮、也最有力的武器之一。

即使是在身心上有障礙，也依然有很多人能將障礙視為一種價值，並進一步將其轉化為才能。

正因為自卑，才可能成為努力的契機，並化作你的原動力。

如何看待自卑，全憑個人意志。沒有必要為自己擅自建立、毫無根據的事感到煩惱與痛苦。

不該養成的！ 克制情緒

這麼做更順利！ 略顯誇張地表達情緒

假設今天你懷著不安的心情去看牙醫。

若此時，一位醫生是悄聲跟你說：

「今天怎麼了嗎？啊，是的，那麼今後就像這樣治療下去……」

另一位醫生則是笑咪咪地說：

「總之交給我吧。別害怕，請你放心。」

你覺得哪一種比較好呢？

不用問，你一定覺得後者比較好吧。

若醫生這樣跟你說，不僅你的心情會更愉快，也會覺得下次還要再來這間牙科醫院看診吧？

換句話說，好的溝通能夠喚來更多的人。

我總是跟自己牙科醫院的醫護人員說：

「在診療室時要有2倍活力，剛睡醒時的電話則要3倍。」

有些患者是抱著不安與害怕的情緒來醫院的，正是這種時候，醫護人員才更要用充滿朝氣的態度與之應對，並去除患者們的不安。

若在剛睡醒、心情還不是很好時，就能提振精神、以活力十足的態度應對患者，那麼到了診療室，也一定能保持開朗活力。

我常邀請所有醫護人員一起養成這個習慣。

說到底，情緒是自己的心能決定的事。

若想要「總是保持積極態度」或「變得更有活力」，那麼就算有些勉強，也要逼自己使用正向的言語並保持笑容，這麼一來，自然而然地就更有元氣了。

只要知道自己的情緒可以自己決定，就可以養成憑自己的意志控制情緒的習慣。

當牙科醫院的護理人員很親切時，患者們也會跟著開心起來。情緒是會傳染的。

若一個人沒有感情、沒有表情，那就無法與對方保持良好的溝通，也難以建立彼此間的信任關係。

如果你的態度總是負面消極，那麼這份情感也很容易影響別人。

既然如此，跟其他人說話時，略顯誇張地表現出自己的心情，也是為對方著想。

這在戀愛當中也是一樣的。

舉例來說，當伴侶在送禮時給了你一個驚喜，你會做出什麼樣的反應呢？

只是說一句「謝謝你，我很高興」，還是像「好開心喔！你送我什麼呀？我現在可以打開嗎？」這樣，稍微誇張地表達自己的喜悅？想必這兩種做法，會讓對方的反應截然不同吧。

有研究顯示，相較於得到他人的贈與，贈與別人的滿足感會更加強烈。這麼說來，**你的喜悅將能夠進一步提升對方的幸福感。**

既然如此，為了對方著想，還請誇張一點地表達自己的喜悅吧。若對方心中充滿幸福的心情，你也一定會籠罩在這份幸福當中。

若能夠像這樣凡事多加留意，相處時盡量讓彼此更加開心，那麼就能維持緊密的關係。

第 2 章

不該養成的時間運用法

不該養成的！

覺得「人生還很長」

這麼做更順利！

了解「時間是有限的」

「跟喜歡的人在一起，時間一下子就過去了。」

我相信這種感覺任誰都曾經歷過。

人在做快樂的事情時，往往會忘記時間。

觀賞喜歡的戲劇或電影、閱讀很有興趣的書時，時間一轉眼就過去了，這全都是因為此時的情感勝過了時間。換句話說，**時間是無法贏過情感的**。

如果你在公司上班時總感覺「一下子就到了下班時間」或「時間不夠用」，那就是你熱衷於工作的證據。

相反地，要是覺得「時間可不可以過快一點」或「時間走得很慢」，那就表示工作對你來說既無聊又乏味。

這樣說來，**如果會覺得「人生好長啊」，那就代表你正過著無聊的人生。**而所謂無聊的人生，用一句話形容就是「沒有目的」。

如果人有目的或夢想，就可以想像實現時的自己，並為此感到雀躍。

可是若人生沒有目的，只是憑藉著惰性活著，那當然就不會感到快樂，甚至不會產生擁有夢想的慾望。

時間是有限的。任何人都公平地擁有相同的時間。**要怠惰地虛度這段時間，還是用來快樂生活，全由你自己決定，而你也隨時擁有選擇的自由。**

話雖如此，當我在年輕時聽到人家說「時間是有限的」也不太能感同身受。

可是我曾在30幾歲時遭遇一場大事故，以此為契機我才終於實際感受到「人什麼時候會發生什麼事真的難以預測」。

每個人都相信「自己1年後、10年後、30年後還活著」。

但是到了我這個年齡，也看多了年紀輕輕就離開人世的年輕人。

我想他們當時也認為自己能夠活到80、90歲。

死亡隨時都在你的身邊。

正因如此，我們必須意識到時間是有限的。

現在全世界正陷入前所未有的疫情當中，幾年前又有誰會想到，未來竟會發生這樣的災難呢。

過去的我們應該從未想像過，每個人都有可能陷入身邊的人死去或自己失去工作的窘境。花費數十年好不容易累積起來的東西就這麼被病毒奪走了。

正是因為這些看似荒唐的事情化為了現實，我們該如何活過當下這一瞬，便成了非常重要的課題。

不論現在是什麼情況，未來都在這一瞬間的延長線上。所以**我們已經沒有多餘的時間可以慢悠悠地去思考「人生還很長，還有很多時間」**。另外，**還有一個事實是「有些事只有那個年齡才能做到」**。比如念書就是其中之一。

當然，不管到幾歲都能持續學習，然而實際上年輕時學習愈多，就愈容易激發強烈的好奇心與行動力。

到了50幾歲才來學相同的東西，就已經沒有年輕時的專注力與能量了。

吸收學到的事物，並由此展開探求。能夠將所學深植於心中，這的確是年輕人才能辦到的事。

大家都在說「人生100年」，在這樣的風潮裡每個人都理所當然地覺得「自己可以活到100歲」。**但遺憾的是各位幾乎不可能活到100歲。**

沒有一個人可以斷言自己1年後、10年後或甚至明天絕對還活著。

這麼一想，各位應該就能察覺這每分每秒的重要性。

我現在已經50幾歲了，從年輕時就養成根深蒂固的習慣，總是努力把寶貴的時間用在真正有意義的事情上。

舉例來說，若我有30分鐘的空閒時間，我的習慣就會讓我做出珍惜時間的行為，比如「把快讀完的書讀完」、「利用15分鐘整理資料」或「再花10分鐘專心寫稿」等等。就連等待電梯的幾十秒，我也會刻意活動腹部肌肉或思考新的點子。

這些都表示我將不會再來一次的「現在這個瞬間」當成寶貴的事物看待。

即使是在商務場合中，若有一個總是注意時間並行動的部下，以及另一個在下班前只是懶散地做著工作的部下，我想前者的評價顯然會高出許多。

有些人之所以能夠抓到「這傢伙很有幹勁」、「下個企劃就交給他吧」這類機會，也是因為這些人能夠有效率地利用時間，才能讓人看出他們的價值。

既然如此我們就更應該了解到時間有限，將現在這一瞬間活成最好的樣子。

不論是在珍惜時間，還是出人頭地或實現目標等層面上，時間的運用方式始終都是能夠左右你人生的關鍵因素。

你覺得人生很長還是很短呢？

人生
好長啊…
時間是有限的!!
or
catch the moment!
人生很短，
有些事情
只能現在做！
未來
過去

習慣 12

不該養成的！

什麼事情都想努力做

這麼做更順利！

總是明確區分優先順序

你早上會做什麼事呢？

我想這麼問可能會分成兩種人，第一種是，

「總是快睡過頭，常常在趕公車、電車」

另一種則是，

「保有充分時間，並採取行動」

而這**早上的行動正代表了你實行工作的方式。**

若要講得詳細一點便是，

【手忙腳亂的類型】

↓那個也想努力做、這個也想努力做的類型。

【從容不迫的類型】

↓依照優先次序採取行動的類型。

那個也做、這個也做的類型沒有明確的指標，不知道自己的價值與目的，也不清楚自己想在這些事物上取得什麼成果。

因此會覺得眼前所有的事情都必須完成，結果忙得團團轉。

另一方面，有著明確目的並行動的人，不管做什麼都有清楚的優先次序。

因為什麼事該做、什麼事不用做都了解得很透澈，所以做起事來俐落又從容。

哪一種比較好我想就不用多說了，現在還請各位重新審視自己的行動方式。

我自己已經養成習慣，面對一切事物都不想多做任何一個無謂的舉動。

不管幾點睡，我一定早上6點起床，早餐也幾乎都吃固定的那幾樣東西。就連之後的訓練課表也都決定好了。

我心中沒有「今天要不要去做訓練？」、「今天要吃什麼？」等選項。**猶豫就是在浪費時間。**

相較於對該做什麼都很清楚的我，這世界上也有人是「什麼事都要自己來才痛快」。

的確，對各種事物抱持興趣並踴躍嘗試是一件好事。

然而，**這也有一個缺點，就是不清楚完成之後的目的是什麼，導致行動的選擇方式容易變得模稜兩可。**

我不論在工作上還是人際關係上都有明確的優先次序。

譬如說，要是有人邀請我參加單純喝酒喧鬧的酒會或派對，那麼我就會婉拒。

因為參加後並沒有什麼意義。

由於我將這種行為當作習慣，因此現在就連邀請我的次數也減少了許多。

雖說採取這種行動當然會使來往的人變得很少，不過這樣人際關係倒也簡單、良好，不會有什麼負擔跟壓力。

換句話說，擬定明確的優先次序，無疑是建立自己所期望的生活風格不可或缺的基礎。

但如果你是一名上班族，恐怕也沒辦法這麼簡單就決定好優先次序吧。

有時候就是會發生當天該做的事項有5個，而且全部都是緊急案件的情況。

像這種時候，就先從做起來覺得很開心，還想再試試看的工作開始做起吧。

人對於開心的事或想做的事會拚盡全力投入其中。

相反地，不想做的事只會讓你的工作效率下降。

也就是說，**以你最想做的事情為優先，不僅可以縮短處理時間，也能保持工作的動力。**

按照別人說的順序來做事並不是正確的方法。**還請各位養成在處理別人交代的事情時，按照自己心裡的排序來排出優先次序的習慣。**

如此一來，自然而然地就能漸漸掌握最符合自己的工作方法，並創造自己期望的生活方式。

總是安排明確的優先次序！

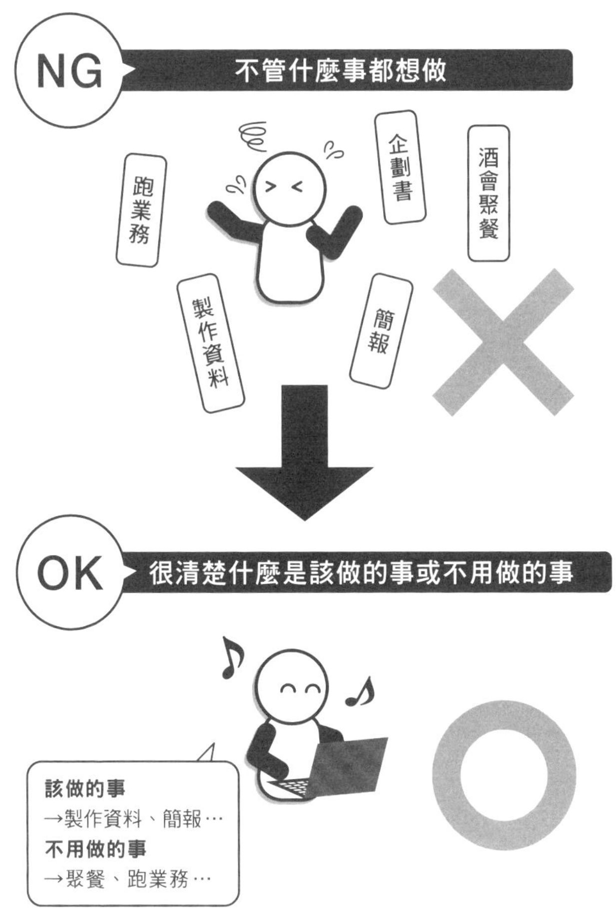
NG
不管什麼事都想做
跑業務
企劃書
酒會聚餐
製作資料
簡報
OK
很清楚什麼是該做的事或不用做的事
該做的事
→製作資料、簡報…
不用做的事
→聚餐、跑業務…

習慣 13

不該養成的！

花時間在「邂逅」上

這麼做更順利！

只為「重要的人」花時間

人們每天在生活中都會與各式各樣的人相遇。

儘管有時候會因為與某個人相遇而改變人生，**但你並沒有時間去重視所有曾經相遇過的人們。**

正因如此，我們才應該將時間與愛情傾注在真正重要的人身上。

當然，我想大多數人都會認為家人、工作夥伴與伴侶是最重要的，不過關於朋友或熟人，**根據這份關係是否會變成將來的資產，來決定怎麼與對方來往，也是非常重要的觀念。**

所謂將來能成為資產的人，指的是能夠提供正面作用，並幫助你完成任務或拓展視野的人。

這樣說或許會讓各位覺得「竟然只用計較得失的方式來看待他人……」，但實際上，人脈愈廣，就愈難以珍惜真正重要的人。

愈是追求邂逅的人，愈有可能失去真正重要的人。

換句話說，為了能夠珍惜重要的人，我們必須揀選適當的人際關係。

常有人認為我跟同業的牙科相關人員有比較密切的交流，但其實我親近的人幾乎都是其他領域的人。

美容皮膚科醫師或上市公司的經營者等等，聽這些與我的本業沒什麼關聯的其他業種人士說話，是相當新鮮的事，也能為我帶來全新的思維。

人往往會跟共通點較多的人成為關係更好的朋友，**可是跟完全不同領域與類型的人聊天，才有更多機會增加你的見識。**

只有以這樣的觀點來決定來往的人，才能有效地利用時間，也才能將時間花在真正重要的人身上。

不該養成的！以緊湊的時間排程來行動

這麼做更順利！刻意為行程保留「空白」

我不會以非常緊湊、沒有保留空間時間的方式來工作。

要是行程總是滿檔，那麼在突然接到某個重要的邀約時，就無法回應對方了。

因此我會刻意將行程安排得較為寬鬆。

不過我不會把這種做法公之於眾。

因為**人們通常會想要為看起來很忙的人加油打氣。**

舉例來說，現在公司裡有兩個人，一個是「看起來總是很忙碌的人」，另一個則是「看起來總是很閒的人」，各位覺得哪個人給周遭的好感度更高？

就算我們不知道那個人究竟在忙些什麼，但大多數人還是會對感覺很忙碌的人抱有好感。

想在這個社會上生存，意識到「如何展現」你自己並採取行動，是一項很重要的技術。

不論如何，請實行可以讓人得到共鳴的行為吧。

就算工作表現一蹋糊塗，但只有那些可以讓與之一起工作的同事得到共鳴的人，才能獲得他人的好評。

日本直到不久之前，還有很多抱持著「新人不該比上司更早下班回家」或「新人在假日出勤是理所當然的事」等觀念的公司。

不過若換個說法，只要加班或假日出勤，就能輕易讓別人覺得「那個人還真是努力啊」。

也就是說，在以前想要向別人展現自己正在努力的方法其實頗為簡單。

可如今整個社會都在推廣不要加班。

正因如此，「展現的手段」就變得格外重要了。

當然，為了公司拚命工作很值得嘉獎。

但從人類的體力來看，想要從星期一全力衝刺到星期五，是相當困難的事。

既然如此，**在完成該做的工作的同時，也應該適度為工作排程留下一定程度的空白，這是很重要的技巧。**

說到底，對於必須做出準確判斷的工作而言，需要的是專注力，而不是花費很長時間來處理它。

的確，至今仍然有人相信「只有花費時間才能做出好東西」。即使眼前就有電鋸，不知為何，還是會有不少人寧可用手鋸來裁切木材。將這種過時的方法強推給別人的人，不僅心中沒有剝奪他人時間的罪惡感，也不會採納符合時代的創新思維。

我想一再強調的是，你的時間是有限的。

正因如此，為了在最短時間內迅速取得最大成果，需要的是短時間內的專注力。

將該做的事情區分出明確的優先次序，然後全神貫注地完成工作吧。

接著更進一步地，即使工作早早就完成了，也要裝作一副很忙的模樣（可是開口說自己「很忙」會降低自己的能量，所以還是不要說出來）。

還請各位時刻意識到別人怎麼看待自己，並養成據此做出行動的習慣。

將時間安排得寬鬆一點，並讓自己看起來很忙！

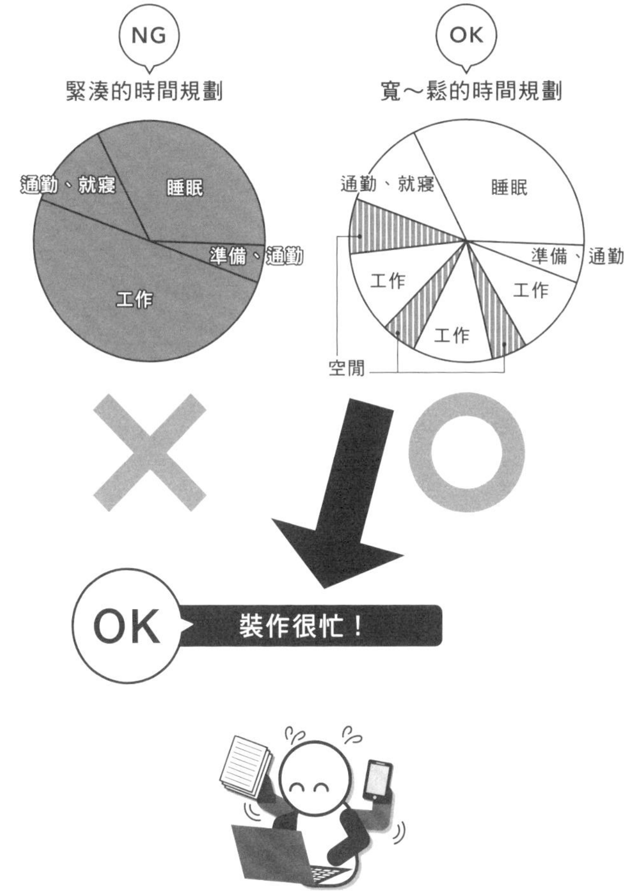
NG
緊湊的時間規劃
通勤、就寢
睡眠
準備、通勤
工作
OK
寬～鬆的時間規劃
通勤、就寢
睡眠
準備、通勤
工作
工作
工作
空閒
OK
裝作很忙！

不該養成的！

反覆從頭制定計畫

這麼做更順利！

制定好計畫後就一口氣貫徹到底

重新擬定計畫往往被認為是好事，但我不這麼想。

這是因為，**那些在實行途中需要打掉重來的計畫，往往打從一開始就沒有規劃得完善。**

舉蓋房子來當例子吧。正常來說，在建造到一半時不可能會發生「因為我覺得怪怪的，所以拆掉重蓋吧」這種事；由於在決定建造房屋時就會進行縝密計算，並建立詳實的建築計畫，因此不會發生半路重來的情況。

想要跟喜歡的女性交往時也是相同的。

各位在告白前應該都會很自然地去思考該怎麼縮短與對方的距離、說什麼會被對方討厭等等問題吧。

然後去了解對方喜歡什麼、什麼樣的約會可以讓對方答應，並擬定完美的計畫。

你不會在這時候很隨便地想著「總之先告白看看，被拒絕再去想怎麼接近對方」。

在商業場合也是如此。

若你是業務，那麼在思考要賣什麼東西的時候，首先會想出接近顧客的方法，考量這個社會或顧客的需求，接著進一步深入思考該怎麼做才可以讓對方了解產品優點，最後真的掏出錢購買你的產品。

愈是縝密的計畫，就愈能順利達成目標。

而那種「反正做到一半再變更就好」的敷衍計畫，是無法達成目標的。

換句話說，如果一開始的計畫足夠完美，那根本就沒有變更或修正的必要。

只要實行早已決定好的事，計畫就能順利進行。

這麼做才能明確區別出什麼是該做的事，也不會浪費時間。

如果你會一再重新制定計畫或反覆做出變更，那麼還請重新審視那份計畫究竟有沒有根本上的問題。

此時你需要釐清的是，

說到底，為什麼需要這個計畫？
最終目的到底是什麼？
是否受到周圍太多的影響？

像這樣自問自答時，若無法提出明確的答案，那麼我建議就暫且撤回這份計畫，從頭開始擬定一個新的計畫。

同樣地，若你感到煩惱，覺得「即使對夢想或目標擬定計畫卻始終無法達成」或「努力做想做的事卻總是遭遇挫折」，那麼就暫且脫離原本的目標，去接觸完全不同的其他領域。

這麼一來，**就能從客觀的角度來審視原本的目標，並產生以往從來沒有想過的全新思維。**

常有人說「總之邊做邊決定」或是「最重要的是先做出行動」，**可並不是所有人都有充分的時間或金錢可以先嘗試看看，失敗了就再從頭來過。**

正因如此，還請各位不要再制定那種需要回頭檢視的計畫了。

為了不浪費自己的時間、勞力與金錢，請從一開始就先做好縝密的計畫。

這才是輕鬆實踐計畫的捷徑。

習慣 16

不該養成的！

不擅長的事也盡力挑戰

這麼做更順利！

不擅長的事拜託別人做

有些人「喜歡努力的自己」。

相信努力是件好事，任何事都一心一意地拚命去做。

然而，**從時間運用的觀點來看，與自己不習慣或不擅長的事情糾纏在一起，不僅浪費了自己珍貴的時間，也只是平白耗費掉自己的精力。**

舉例來說，那就像是在傾盆大雨中，明明知道鞋子會濕掉，卻還硬是要努力走過滿是泥巴的道路。

這種故意選擇辛苦道路的習慣，早就深植於這些人的心中，並對（正在努力的）自己感到陶醉。

從其他人的角度來看，只會感到不可思議，心想「為什麼那個人不穿長靴？」，甚至會覺得那個人不得要領。

可是對正在努力的本人來說，反而會覺得「明明我這麼努力了，為什麼還得不到別人的稱讚？」

也就是說，**若一個人愈是花費時間努力去做不擅長的事情，就表示這個人愈是看不清自己。**

在自我啟發書或商業書籍中，一定都會寫到「了解自己的強項」或「把自己喜歡的事情當成工作」。

我想應該有許多人相信「在工作中活用自己的強項是讓生意成功的祕訣」等等說法，並以自己喜歡的事情來創業或當成副業，但這樣的人幾乎都會碰壁，甚至被現實擊垮。

只是選擇喜歡的事物並當成工作，是不會成功的。

這是因為**各位真正應該知道的不是自己的「強項」，而是「不擅長的事」。**不了解自己不擅長的事，就無法活用自己的強項。

這麼說或許會讓人覺得沒做過的事就是「不擅長的事」，但這並非這個意思。所謂不擅長的事，**指的是雖然已經挑戰過一次了，但還是做不到，而且很花時間的事。**

舉例來說，你可能不擅長計算。

在理解會計這份工作有多辛苦之後才將相關工作交由其他人處理，跟完全不知道會計的工作內容就拜託別人處理，這兩者之間不論請求的方式還是感謝的程度都截然不同。

正因為曾經挑戰過並掌握了相關內容，才會感謝幫忙處理的下屬，也才能做出明確的指示，並準確找出問題點。

因為自己沒做過就隨意拜託別人做，將無法對做出來的成品進行評價。

在商業領域中，不論什麼工作都是團隊合作。

正因如此，最重要的便是了解自己不擅長的事情，並養成拜託別人處理的習慣，這樣才能有效率地完成工作。

不該養成的！

只讀現在熱賣的書

這麼做更順利！

閱讀長銷名作

愈是有上進心的人，就愈常檢視現在有什麼書正在熱賣，並試圖運用在工作或人際關係上。

的確，若能知道現在什麼書受到歡迎，就能了解目前市場的需求，因此這種做法某種意義上來說是很正確的。

既然我自己身為作家，我當然也很在意什麼書會大賣，而且平時素有來往的出版社也會送我新書，所以我自認算是還滿了解書市的狀況。

但就算提到現正熱賣的書，也有很多本。

暢銷排行榜通常在隔一週後就會大換血；很多書即使曾經登上過第1名，但在幾個月後就會悄悄從排行榜上消失。

畢竟每年都有超過7萬本新書出版，所以在某種程度上這也是無可奈何的事，可既然如此，各位不覺得**總是追逐當下的熱門書是一件不太現實也頗為困難的事情嗎？**

牙科醫師與作家是我最主要的兩份工作，光是聽到這個就有許多人覺得我應該是位極其忙碌的人。

不過如同前面所述，由於我會刻意保留較為寬鬆的時間規劃，因此沒有大家想像中那麼忙。

每天多少都會有放鬆休息的時間，也正因為我保留了這些時間，才能夠提升工作表現。

儘管我常常在這些休息時間裡閱讀書籍，可是我幾乎不曾以「因為這本書正熱門所以一定要看」這種標準來挑選要看的書。

這是因為就算說是暢銷書，也不見得就是一本好書。

由於日本是講究合群的社會，因此「現在熱賣的書一定會大賣」這種思維深植於心中。

許多人在挑選書時都會覺得「因為大家都在讀，所以我也要讀」或「因為大家都說有趣，那就一定很有趣」。

可就算**這本書現在賣得很好，對現在的你來說，也不見得是你一定要看的書吧。**

閱讀這件事本身就需要耗費很多時間。

既然如此，那你更應該挑選你真正需要看的書，這才是有效利用時間的方法。

我通常不會選現正熱銷的書，而是選擇那些在很長一段時間內始終受到讀者青睞的長銷書。

這些長期暢銷的書，不論時代如何演變，都能持續收穫讀者的好評，而且也多半都是具有普遍性的內容。

此外，那些名留青史的著名書籍，或多年來在全世界持續暢銷的書，也很值得花時間把它讀完。

只讀現在熱賣的書，就只能知曉現在的事。

因此，為了解過往的歷史，也應該閱讀那些自古以來就受到大家愛戴的書籍。

至於那些成為時下熱門話題的書，與其「深挖」，不如當成「新時代的雜學」來採納進自己的生活中。在閱讀時，這種平衡是很重要的。

不該養成的！學起來就馬上做筆記

這麼做更順利！學起來馬上查詢研究

我從以前開始就沒有做筆記的習慣。

即使是在學生時期，我通常也專注於聽老師說話，反而不太擅長一邊聽課一邊做筆記。

成為大人的現在，雖然也會在看診的空閒時間或睡覺前閱讀或學習，不過這種時候還是不會做任何筆記。

這是因為我知道自己就算做了筆記，也幾乎不會再回頭去翻找出來看。

當然，有些人可以透過做筆記來整理腦中的資訊，只是說我從以前開始直到今日都沒有養成這種習慣。

取而代之的，是我養成了學到新知識或碰上令我印象深刻的事物時，會立刻查詢的習慣。

還留有印象的話語、人名或事件等等，我會記住這些單字並馬上開始搜尋，這麼一來就能進一步深入了解這些事物。

接著我還會把剛剛學到的事物立刻告訴其他人。藉由這種方法，我能透過自己的話語將得到的知識記起來，還能轉述給別人聽。

很多人聽到「學習」都會聯想到「輸入」，但實際上並非如此。

將輸入的東西進一步輸出，這樣才能說是真的學到了那項知識。

舉例來說，即使我已經取得牙科醫師的執照，可若是我從來沒有為病患看過診，那就不能稱之為牙科醫師。

同樣地，就算學到什麼東西，但只要不進一步實踐它，那就沒辦法說自己在真正意義上得到了這項知識。

我在日常生活中已經養成習慣，碰上令我印象深刻的事情就會立刻查詢，並隨即把得到的資訊告訴給家人或工作人員。

在這些時候，我不會說「△△這本書裡寫著這些東西」或是「前陣子去讀書會學到了這些事情」等等。

我會把這些知識說得簡直就像是我自己發現的。

就在我寫書的這個當下，透過自己這片濾鏡，知識也在不知不覺間變成了自己原創並發表的內容，可以感覺到學習的知識在真正意義上「已經轉化成自己的東西」。

換句話說，為得到的知識加上獨創的思考並將其輸出，這樣才能將所學以「自己的知識」這種方式深刻烙印在腦海中。

常有人會說應該要「創造自己的楷模」或「模仿成功人士」，但我不這麼想。

參考自己當成目標的人，並在學習其他各界人士知識的同時，吸收自己中意的觀念，並轉化成自己行事風格的一部分，這才是最能展現你自己的學習方式。

事實上，就算你模仿某個人的思維，也不可能在輸入時原封不動直接變成你自己的東西。

這是因為每個人都有自己與眾不同的個性、思維與潛意識。

只有大量學習，才能從各種面向去看待事物。

雖然只追求一項目標也很重要，**但如果只盯著這個目標看，那就看不到外面的景色了。**

那也就代表著自己把自己的心給封閉起來了。

在這個資訊爆炸的年代，不論任何事都能隨時輕鬆地查閱，因此有許多人只是查詢過網路，就覺得自己好像什麼都懂了。

光靠紙上談兵是無法實現夢想與希望的。

只有學習與傳達，才能將知識化作你自己的血肉。

如果你有目標或夢想，那就深入查詢你所學到的事物，並養成不斷向外傳遞知識的習慣吧。

透過「查詢＆輸出」將所學化作自己的東西！

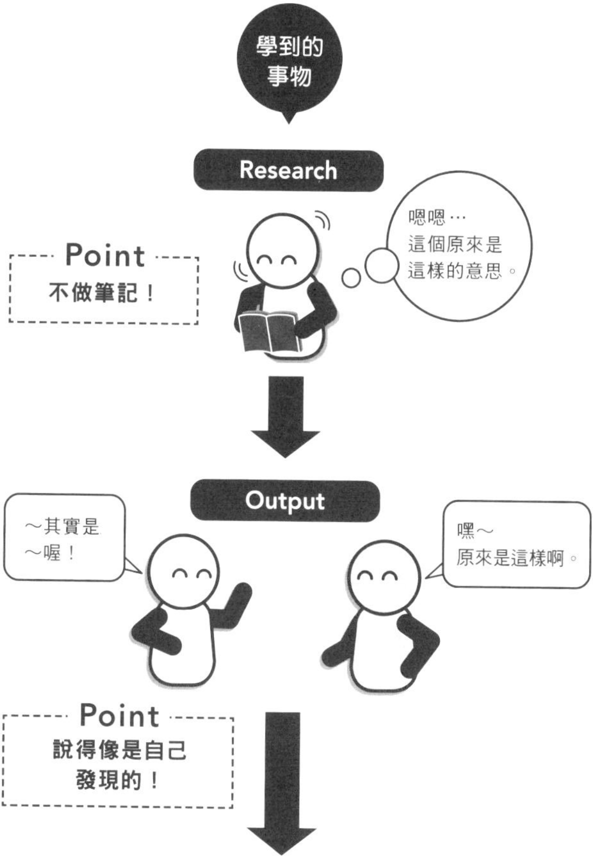
學到的事物
Research
Point
不做筆記！
嗯嗯…
這個原來是
這樣的意思。
Output
～其實是
～喔！
嘿～
原來是這樣啊。
Point
說得像是自己
發現的！

學到的事物會變成「自己的知識」!!

習慣 19

不該養成的！

總是覺得自己「很忙」

這麼做更順利！

覺得自己並不是「很忙」

有些人總是會把「自己很忙」這件事掛在嘴邊。

比如「那個這個我都得做」、「在這個時間以前我一定要把××做完」等等，像這樣不斷強調自己很忙碌的人，其實都意外地很閒。

這是因為他們都還留有強調自己很忙碌的餘力。

忙這個字寫作「心亡」，也就是說，其實「很忙」這個說法本身就包含了負面的意涵在內。

換言之，四處跟人宣揚自己「很忙」這件事，本身就會降低自己的能量（我雖然在「習慣⑭」這一項說要「裝作自己很忙」，但那只是讓自己「看起來」很忙而已，真的把自己很忙說出來並不是好事）。

實際上很忙的人也分為「有明確的目的而忙碌」與「沒有目的，只是像無頭蒼蠅一樣忙碌」這兩種類型。

目的明確的人，就算在他人眼裡看來很忙碌，但自己並不會覺得很忙。

相反地，他們會得到一種正朝著目的前進的充實感，絕不會親口說自己「很忙」。

然而另一方面，沒有目的而只是漫不經心地忙碌的人，就會說自己「很忙」。

這樣的人不會察覺到，正是自己親自創造了讓自己忙碌的狀況。

既然沒有目的，那就必須那個也做、這個也做，如此一來，會覺得自己很忙就是無可奈何的事了。

當然地，這些人腦中也沒有擬定計畫、循序漸進的發想，所以才會那麼忙碌。

以我來說，其實我從來就沒感覺自己「很忙」。

儘管一部分原因是因為我不會安排會讓自己變忙碌的計畫，但更重要的原因是，如果建立了連自己都掌控不了的時間排程，那麼就有可能造成工作人員或工作夥伴的困擾。

「前一項工作延後了，以至於無法在約好的時間準時赴約」，或是「安排的行程撞期了，不得不取消其中一個」等等，若因為這些事造成周圍人們的困擾，那實在不是一個合格的商務人士。

有的時候，為了提升品質會需要比預計更多的時間。

舉例來說，以往我在製作用來在學會上發表的資料時，都會特意保留時間仔細製作這些資料。

可是最近我都不自己做了，改請能夠信任的專家幫我製作。

與其勉強自己騰出時間製作，不如花錢請專家處理，不僅資料的水準比我自己做的還要高出好幾倍，更不會浪費自己寶貴的時間。

愈是努力的人，愈想要什麼事都自己來，但這其實是錯的。

請養成不擅長的事就乾脆交由專家處理的習慣，這是把你自己從忙碌中解放出來的訣竅。

你如果覺得自己「總是很忙」，那麼請試著區分出必要與非必要的事。

然後，若有些事可以交給別人去做，那就乾脆一點拜託人家幫你吧。

要是能找出那些只有你才能完成的事，那麼這應該能成為你發現自身優勢與長才的契機。

不該養成的！

長時間集中精神

這麼做更順利！

專注25分鐘休息5分鐘

據說史丹佛大學的線上講座，在每次30分鐘的授課時間後，都會設有5分鐘的休息時間。

的確，若翻閱各式各樣有關專注力的資料，上面通常都會寫到**專注力的極限大約就是25～30分鐘。**

從我自身的經驗來說，以前會覺得專注力的極限差不多是1個小時左右，不過在聽到「上30分鐘的課、休息5分鐘」這種授課方式時，我也覺得相當合理，而且從專注力這點來看，效率也可說非常好。

然而，日本的專題研討或講座等課程，在時間分配上往往都是「每2個小時休息10分鐘」或「每90分鐘只休息5分鐘」。

有時候或許是因為不想浪費太多時間，部分課程甚至不會中途休息。

可即使只是1個小時的專題研討，若能在上到30分鐘時休息一下，我想應該能實際感受到休息帶來的效果遠比想像中的更好。

換句話說，**不論是線上還是線下，保留一段可以重啟腦袋的時間，可說是產生高效專注力的關鍵所在。**

當人集中精神時，會覺得時間一下子就過去了。

我自己在書寫原稿或讀書時，也常常一回神才發現已經經過好幾個小時。

我能夠理解「想要做到一個段落」或「在完成這件事之前不能結束」的心情。

但要是能養成每專注25分鐘、休息5分鐘的習慣，便可以漸漸掌握「差不多該經過25分鐘了」的感覺。

以往我在集中精神做一件事情時，會設置計時器或一邊看時鐘一邊做，不過在養成25分鐘休息的習慣後，就開始能透過體內的生理時鐘把握住時間感。

換言之我們可以知道，**強制自己實行特定方法，自然就會養成習慣。**

的確，愈是理解時間是有限的人，愈可能把休息當作是在浪費時間。

然而，**不要把5分鐘的休息當作是無益的，正是有效利用時間的訣竅之一。**我希望愈忙碌的人愈應該養成這樣的習慣。

第 3 章

不該養成的工作方式

不該養成的！

應該將開心的事當成工作

這麼做更順利！

從一開始就沒有開心的工作

常常能看到「將開心的事當成工作吧」這句標語。

這說得沒錯，將令人雀躍的事情當成工作，總比去做一些不想做的工作還要開心許多。

可是，**無論是自己當初多麼期待的工作，也幾乎沒有任何一份工作從一開始就是開心的。**

這是因為工作是「直到駕輕就熟後才會感到開心」的事。

我以前剛成為牙科醫師時，真的是滿心喜悅，高興得不得了。

但當我正式面對患者時，才一次又一次驚覺到自己的無知，才發現自己有多麼缺乏經驗。正因如此，我開始繼續讀書，想盡可能增加自己的知識。

看診時有什麼不了解的事或在意的地方，我回家後就會立刻查閱；當我養成這個習慣後，便發現自己念書的態度比成為牙科醫師前更為積極努力。

在這之後，雖然成長速度不快，但也總算漸漸能夠帶著自信面對患者的各種病症問題。

直到這個時候，我才終於感覺到「工作是很快樂的一件事」。

舉例來說，你現在有著「想成為護理師」或「想成為廚師」等夢想，若真的能應徵上這些工作，那麼你應該會很高興才是。

但你應該沒看過從一開始就覺得「工作做起來超開心」的護理師或廚師吧。

如果你知道成為那份職業後才是真正的起點，那麼你自然就會持續學習。

只有養成這種習慣的人，才是能在這條路上大放光彩的人。

上班族也是一樣的。

雖說進入了自己理想的公司，但要是覺得公司能讓你輕鬆領薪水並給予你工作樂趣，那可真是大錯特錯。

你不僅時時刻刻都要努力，務求做出薪水以上的成果，**也只有在完成上層交付的工作後，才能真正感受到工作的樂趣。**

這是你工作的意義所在，也會由此進一步發展出今後的工作目的。

如果你認為「現在的工作很無聊」或「想要立刻跳槽」，那或許就表示目前的工作中，**缺少那種「做不到會很不甘心」或「努力做到之後會很高興」等等能夠打動你的事情。**

人都是在做到原本做不到的事情時，才會感覺到樂趣。

也才會因此產生動力、鼓起幹勁。

能做到的事愈來愈多，漸漸變得愈來愈開心。這就是所謂的工作。

有些人會說「我只是為了錢而工作的」。

這樣的人無法將工作與自己的價值連繫在一起。正因如此，才會覺得工作無聊、不有趣。

若是上班族，我想一天中的大半時間應該都會待在公司吧。**24小時裡的約一半時間都過得不情不願，沒有比這更浪費時間的事了。**

既然如此，那更應該詢問自己現在的工作是不是你真正想做的工作。要是還無法從中找出價值，那麼當機立斷換個工作也是一個方法。

請容我再說一次，你的時間是有限的。

珍惜每1秒，盡自己現在最大的努力。這樣做才能為你帶來美好的人生。

習慣 22

不該養成的！

總之先說「我會努力」

這麼做更順利！

說「到什麼時候、如何努力」

上司或前輩請你做某些事情時，你會怎麼回答呢？

我想應該大多數人都會先說「我知道了，我會努力」吧。

的確，這麼回答聽起來很積極、很有熱情，是不錯的答案。

可是當我與經營者或領袖們談起這件事情時，**他們都會說總之先回答「我會努力」的部下最不值得信賴。**

這是因為這樣的人並沒有表達自己「到何時、如何努力做哪些事情」。

這個問題不僅限於工作上。

比如你拜託朋友借你某個東西時，對方要是只說句「知道了！」你會怎麼想？你應該會在意對方什麼時候、在哪裡把東西借給你吧。

「我會努力」跟「知道了」都是抽象而且方便的說法，往往會被人頻繁使用，但這樣說其實很難讓人理解你的意思。

此外，「我會考慮看看」也是類似的說法。考慮的期間每個人都不同，有無限多種。聽到對方這麼說的人，一定會想「那你什麼時候才要給我答案？」像這樣，**沒辦法給予明確回覆的人，就會被人貼上不考慮他人感受、說話難以理解等各種標籤。**

如果你也有一開口就說「我會努力」的習慣，那還是立刻改掉這個習慣吧。**請養成給出具體回答的習慣，告訴對方自己會做什麼努力、怎麼做、到什麼時**

候。這才是對方要的答案，也是對方想要進行的溝通方式。

說穿了，**公司想要從你身上取得的就只有成果**；不管再怎麼努力，若是做不出成果，那就沒有任何意義了。

具體表達自己會如何努力去做什麼事，其實同時也是在告訴對方自己能夠做到的範圍有多大。

「下週前做到這裡結束」或「這週內先做出△△並交出去」等等，像這樣具體提到自己所能做到的最大限度，就不會讓對方有過度期待，也不會讓對方感到失望。

既然如此，那更應該養成在別人拜託你做什麼時，要告訴對方「在什麼時候前會努力做什麼」的習慣。

請在對方詢問「什麼時候能完成？」、「那件事辦得如何？」之前就先給出具體的回答吧。

這麼做就能讓你成為一名值得信賴的人。

告訴對方「會努力做什麼、如何做」！

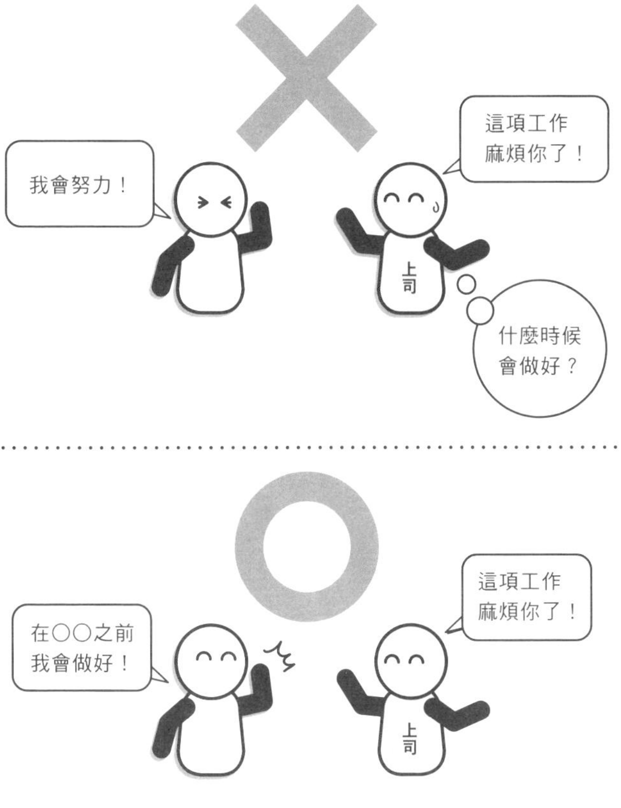
我會努力！
這項工作
麻煩你了！
上司
什麼時候
會做好？
在〇〇之前
我會做好！
這項工作
麻煩你了！
上司

給出明確的回答，
告訴對方自己能做到的範圍！

習慣 23

不該養成的！

別人說什麼都接下來做

這麼做更順利！

具備選擇的能力

為了能在工作上取得成果，必須具備「選擇的能力」。

能夠釐清為了達成自己的目的，什麼是必要的、什麼又是非必要的，在商務上就不會感到迷惘。

若換個說法，正是因為目的明確，所以才能判斷什麼是必要的。

有些人常說「不知道自己想幹什麼」、「找不到想做的事」，而這類人在時間的運用方式上，自然也會需要花費更多時間才能達成目的。

想要成功、想過上更好的人生，你首先要做的事情就是釐清你自己的目的。了解自己這一輩子究竟想達成什麼。

愈早找到這個答案的人，就愈有機會成功達陣。

這是因為猶豫與迷惘的時間都是你的損失。

年輕時目標尚未明確，在某種程度上也是無可厚非的事。

即使高中畢業進入大學，應該也有很多人還沒找到自己的夢想。接著即便進入某家公司，仍然會有許多人茫然地不知自己想完成什麼。

我現在50多歲了，常常覺得「現在的20歲年輕人比我20歲時擁有更多的可能性」。

現在出現了許多以前沒有的職業，甚至有些我從未想過的領域，也將在不久的未來成為整個社會不可或缺的一部分。

如果你也是20幾歲的年輕人，那麼現在就該養成優先拓展知識的習慣。

以這種方式度過20幾歲這段時間後，自然就能找出自己的強項所在。

若能了解自己想做的事，或是哪些事情自己不擅長，那麼你人生中該完成的任務就會變得清晰明朗。

到了這時候，你才終於能擁有「選擇」工作的權利。

在20幾歲這個年紀，一邊摸索、一邊失敗，試著去挑戰各式各樣的事物。等到進入30歲後，再從中取捨，確定自己的目標。

杜拉克也曾說過：「若真要在發揮長才與克服弱點這兩者之間做選擇，那就選擇發揮長才吧。」

的確，與其把40分提高到80分，不如將80分的事情做到100分，這樣更為輕鬆。

既然如此，那不妨在20多歲這段時期嘗試各種挑戰，了解自己的強項與弱點各是什麼。

接著在30幾歲後，選擇能發揮自己強項的工作。為了完成人生中的任務，在各個年齡階段盡全力做好當下該做的事情是很重要的。

不該養成的！

與他人相爭

這麼做更順利！

與數字相爭

常有人說「不要跟別人比較」，但我不這麼認為。

尤其在商業場合上，**不跟人比較反而才是問題。**

這是因為「想要贏過那個人」或「想在營業額上取得第一」的念頭，都可以成為一個人的原動力。

與勁敵之間的相互競爭，必定能讓自己不斷成長茁壯。正因如此，想要和同期同事競爭，或試圖超越前輩，我認為都是很好的想法。

但是，我們也不能總是與他人爭勝。

在這個世界上，**有許多人是與處在不同領域的人彼此競爭。**若要打個比方，這就像是蛙式選手努力想要超越蝶式選手的紀錄一樣；游泳姿勢根本不同，再怎麼比較時間紀錄都沒有意義。

這既是一種糟糕的習慣，也是無益之爭。

在牙醫的世界中也是如此。當我看到那些能在全國各地開設牙科醫院的醫師時，都會發自內心地覺得「真是有夠厲害啊」。

說不定有些牙科醫師真的會認為「對方把醫院開到全國各地，自己輸了」，但我想大多數的醫師心裡想的應該都是「能搞定人員問題肯定很辛苦吧」、「畢竟要巡迴全國看診，他應該沒有自己的時間」、「即使賺得很多，但同時也得背負巨大壓力與疲憊」等等。正因為是同行，才能看見對方的辛苦之處，反而會湧起一種想關懷對方的心情。

即使是那些被社會大眾認為「很有才華」或「賺了很多錢」的成功人士，令人意外的是，他們也有很多自己的煩惱，比如為人際關係所苦，或感到相當孤獨。

換句話說，就算在社會上取得巨大成功，人生這檔事也並沒有所謂的贏或輸。

雖說如此，但人類這種動物，任誰都想要假裝自己很好。

既想要幸福，也想被別人覺得自己很幸福。正因如此，這種想透過與他人比較來獲得優越感的習性，再怎麼想改過來，都不是一件容易的事。

既然如此，**那就把滿足這種慾望的重點從「人」轉移到「數字」上吧。**

比如你是一名業務，那就試著比較去年與今年新開發的客戶數，並由此對自己做出評價。

若你是上班族，那就比較去年與今年的公司銷售成績；若你是創業者，那就比較上個月與這個月的無用支出等等，總之把視線集中在數字上。

像這樣，**養成藉由數字來比較的習慣，自然就不再會勉強與他人做比較。**

說到底，商業本來的目的就是「為社會做出貢獻」。

要是將自己的全部重心放到與他人爭鬥上，那就無法為社會做出貢獻。在戰鬥中贏得勝利，也只是滿足自己而已。

如果你是一名上班族，那麼只有在做出超出目前薪水的社會貢獻後，加薪或升遷的機會才會落到你身上。

我得一再反覆強調，公司想要的不是你這個人，而是你做出的成果。

憑藉個人價值觀工作，只會造成公司困擾，而這種人也絕不會得到他人的好評。

既然如此，那就別與人相爭了，請與數字相爭吧。

你應該戰勝的是去年、上個月、昨天的自己。

還請各位千萬不要忘記這點。

不該養成的！

不管做什麼都該努力

這麼做更順利！

極力避免無用的努力

愈具有上進心的人，就愈會積極學習並獲取知識。

不正是因為你是一個喜歡學習的人，所以才會拿起這本書並閱讀嗎？

可與此同時，愈是認真的人對學習也就愈拚盡全力，以至於有許多人到最後會感到疲累不堪。

舉例來說，很多會去參加研討會或講座的人，光是參加就覺得很滿足，但各位不覺得這很可惜嗎？

如同前述，將學到的事情進一步輸出，才算是真正化作自己的知識。

因此若只是輸入就感到滿足，那就沒有學習的意義了。

從現況來說，愈是熱衷於學習、喜愛吸收新知的人，就愈難做到以上這一點。

而這樣子的人都有一個共通點。

那就是**正在學習的東西太過多樣了。**

希望各位可以記住，愈是試圖學得更多、更廣、更深的人，反而愈難將知識真正吸收進自己的腦中。

除此之外，這樣的人也容易有完美主義的傾向，往往把自己逼得無路可走。

最聰明的人採用的，其實是以最小限度的代價換取最大價值的學習方法。

比方說，就算是為了通過國家考試，考生也沒必要以考取第1名為目標，只要能勉強通過及格線就可以了，畢竟不論是榜首還是低空飛過，最終都同樣是及格。

但不知為何，愈是認真的人就愈想要考取第1名。這也是過度學習者常見的一種特徵。

若以運動訓練來舉例，這就像是明明只是要練腹肌，卻拚盡全力使用健身房內的所有健身器材來進行訓練。

如果想練腹肌，那就選擇可以鍛鍊腹肌的器材就好。**簡單地看待事物，而非什麼都想去做，這才是最不會白費時間與力氣的做法。**

想要什麼都做的人，往往已經養成了隨時學習的習慣。換句話說，不學習就會感到焦躁不安。

而且這樣的人也沒辦法果斷放棄學習；即使明知道再這麼下去也不會有成果，還是會漫無目的地繼續學下去。

這就像一對已經沒什麼感情的戀人，依依不捨地繼續交往下去一樣。

若覺得「這不適合我」或「對現在的我沒必要」，那就果敢地放棄吧。

為了避免浪費你寶貴的時間與體力，請抱持放棄的勇氣。

避免無用的努力！

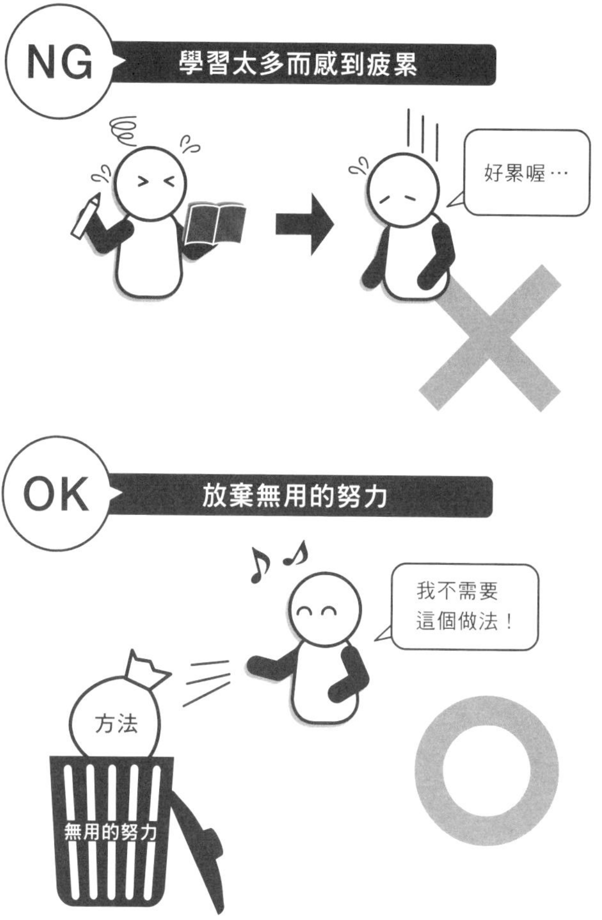
NG
學習太多而感到疲累
好累喔⋯
OK
放棄無用的努力
我不需要
這個做法！
方法
無用的努力

習慣 26

不該養成的！

減少睡眠與用餐時間也要努力工作

這麼做更順利！

比起工作，更重視睡眠與用餐時間

我不論面對什麼情況，吃飯都是我最先重視的事情之一，我不會為了工作而削減用餐時間。當然，我並不會為了吃飯而拋下所有診療或採訪行程，**只是習慣在事前保留一定的用餐時間。**

之所以這麼執著於吃飯，是因為我知道**沒有好好吃飯就無法拿出應有的表現。**

舉例來說，當你去牙科醫院看病時，若發現醫生在看診時明顯很煩躁，或是一副睡眠惺忪的樣子，任誰都會感到不安，並對醫院失去信賴吧。

或比如上班族，即使很難得地早早就進了公司上班，可要是一整天都精神恍惚、想睡得不得了，那麼這麼早進公司也沒有意義。

吃飯時間不對、睡眠不足等等，這些都會顯著降低工作的效率。然而依舊有許多人，即使要減少睡眠與用餐時間，也還是想努力工作。

的確，**每個人都有各自適當的睡眠時間與飲食習慣。**有些人睡7小時就覺得神清氣爽，也有人像我這樣，不論幾點睡都會在早上6點起床。

關於飲食也是如此，有些人早上必須好好吃一餐才有精神，但也有人早餐吃得簡單一點，反而會覺得身體輕鬆舒暢。

也就是說，**為了提高工作表現，最重要的便是先了解最適合自己的進食與睡眠方式，**然後養成相應的習慣，這才是能最大限度發揮你表現的生活方式。

人總是會被各種資訊耍得團團轉。

比如有人說短眠者比較容易早死，有人說一日兩餐最好等等，來自各個領域的人會散布各式各樣的資訊。這些資訊每種都是正確答案，也每種都不是正確答案。

對你而言最有效率的方法，才是對你而言的最佳習慣。

我從以前開始就養成了不管幾點睡，都會在早上6點起床的習慣。有時候視當天的身體狀況，可能晚上10點就想睡，也可能到了凌晨3點卻完全不想睡。

但總之我不會硬性規定自己「一定要在晚上11點睡覺」之類的，而是注意當天的身體狀況，並誠實回應身體的需求。

雖然我這種重視起床時間多於就寢時間的生活方式已經持續超過10年，但至今仍與各種病痛無緣。找到適合自己的生活方式，才是最重要的功課。

沒有良好睡眠與飲食就無法做出好表現

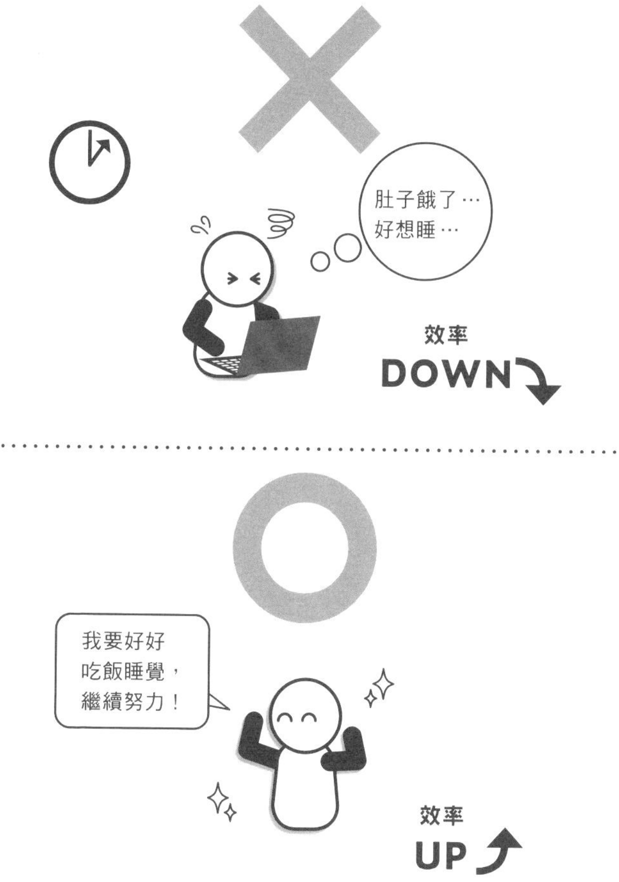
肚子餓了…
好想睡…
效率
DOWN
我要好好
吃飯睡覺，
繼續努力！
效率
UP

習慣 27

不該養成的！

試圖去做「現在能做到的事」

這麼做更順利！

試圖去做「比現在更困難的事」

你對於「年齡增長」這件事有什麼印象呢？

有人聽到這會覺得是「變老」，不過我不這麼想。

這是因為不論年齡怎麼增加，人每天都會不斷成長、持續進步。

你所看見的、所聽見的、所感覺到的，全都會烙印在你的潛意識中。

就算沒有特別想學習或記住什麼，你的潛意識每分每秒仍會不斷刻下新的資訊。

這不叫作成長，那什麼才是成長呢？

各位知道「0.1㎜的法則」嗎？

如果每天都打算成長至少0.1㎜，那麼一年下來就會進步（0.1×365天）36・5㎜。但如果每天只偷懶0.1㎜，那麼一年之後就會退步（0.1×365天）36・5㎜，比現狀還要糟糕。

換句話說，**是否願意為了一點點的成長而採取相應的行動，這兩者之間會產生巨大的落差。**

不論是人還是企業，都無法在沒有創新的情況下持續發展。要是不持續挑戰全新的事物，那麼就只會走向衰退。

對於商務人士來說，能夠完成當下該做的事是理所當然的；如果連這都做不到，那就稱不上是一名合格的商務人士了。

正因如此，就算只有一點點也好，只要有想要進步、提升自己的念頭，就能與他人拉開距離。

當然，不需要一口氣就實行什麼大規模的轉變。

先決定好想要接近的目標，接著慢慢進步並解決難題，這才是有意義的0.1㎜。

這談的不只是工作，在戀愛中也是一樣的；要是每次都採取相同的行動，彼此很快就會感到厭煩吧。為了避免這種情形，偶爾也要扮演與平時不同的自己。

像是預約時髦的餐廳給對方一個驚喜，或是平常總穿褲子的女性，在約會當天換穿裙子等等，能夠做到的事情可說是無限多。

像這種日常中的積累，正是穩固彼此關係的關鍵。

在重訓中，一口氣增加重量會造成身體的傷害，只有逐漸增加重量，才能穩定提升自己的等級。

請各位在完成目前能做到的事情後，養成將「更上一階」當作目標的思維習慣。

這正是不論到了幾歲，都還能讓你持續成長、進步的必要習慣。

逐步累積「更上一階」的成果，就能大幅成長

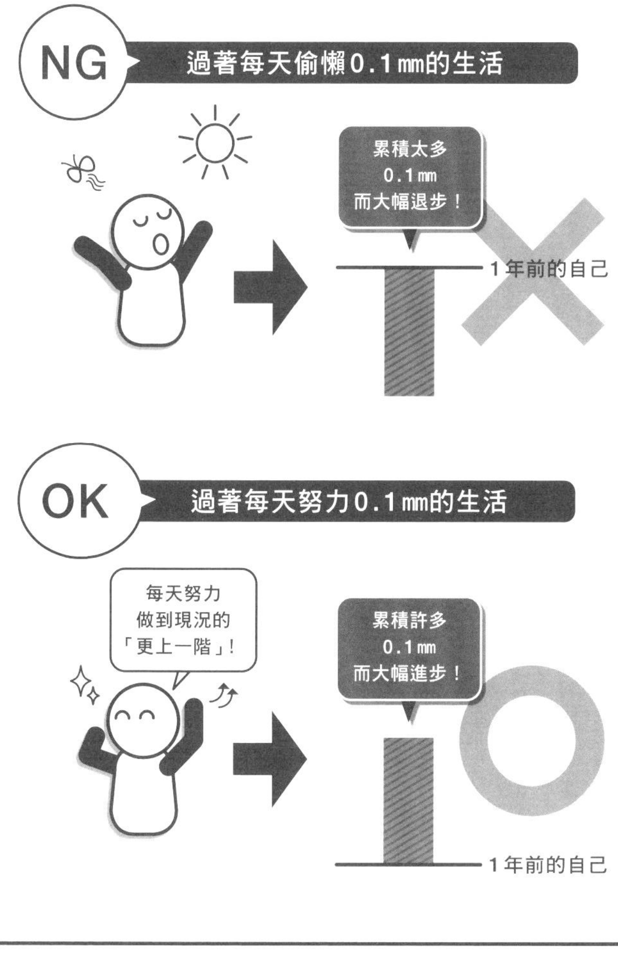
NG
過著每天偷懶0.1㎜的生活
累積太多
0.1㎜
而大幅退步！
1年前的自己
OK
過著每天努力0.1㎜的生活
每天努力
做到現況的
「更上一階」！
累積許多
0.1㎜
而大幅進步！
1年前的自己

習慣 28

不該養成的！

在會議上彼此出點子

這麼做更順利！

好的點子不會在會議中產生

你的公司開會的頻率有多高呢？我想大多數人的回答應該是每天開一次早會，或至少每週開一次會吧。的確，報告工作進度並相互溝通、表達意見是很重要的事。

然而，各位不覺得，**在會議室裡很難產生新的企劃或點子嗎？**

所謂的點子、創意，是從潛意識中發出來的心靈呼喊。

這種心靈的呼喊並不是你想要就能刻意想出來的，只有在洗澡時、快要睡著前等腦部放鬆的時候，**才會以預料之外的形式忽然顯現。**

正因如此，好的點子並不會從拘謹的會議室中誕生。

可是有許多人不知道這一點，仍然花費大量時間開冗長的會議，只為了腦力激盪出新想法。這只會浪費時間與心力。

近年來視訊會議愈來愈流行，因此也有更多人察覺到，大夥在現實中湊在一起開會有多麼沒意義。忙碌的人現在已經不需要刻意撥出時間聚在同一個空間開會了，而就算真的集合起來開會，每週1次、每次30分鐘就足夠了。

實際上，我的牙科醫院無論是開會還是傳遞資料，也都只用到朝會的30分鐘左右，從未延長過會議時間。

若你想要提升工作表現，**就應該在事前各自把點子想好並帶過來，然後在現場傳達給其他人知道，這才是有效率的做法。**

能像這樣稍微轉換思維的人，才是真正能幹的人。而也只有能夠有效運用時間的人，才是真正的領導者、真正被選上的人。

習慣 29

不該養成的！

回覆信件要仔細慢慢來

這麼做更順利！

回覆信件愈快愈好

我想任何人都會覺得，回信時應該要寫得細心有禮才對。**如果是重要的內容，就會把對方寄來的信件看了一遍又一遍，在完全了解對方的意思後，才恭恭敬敬地回覆信件。**回覆時還會仔細檢查是否有錯字、漏字，確認自己是否有好好回答到對方的問題。因此，回覆信件通常非常花時間。

與此同時，愈是忙碌的人，需要處理的信件數量也就愈多。

可以立刻回答的內容倒還好，有些內容則必須確認後才能回覆，甚至得詢問其他人才會知道。

可要是**每一封信件都仔細確認過才回覆，那麼中午前的時間光是回信就結束了，根本沒辦法做其他工作。**

的確，從寄信人的立場來看，或許會覺得對方回信愈快愈好。因此，愈是認真的人就愈想「趕快回信給對方」，於是許多人會優先處理信件，而不是自己的工作。

可是精明能幹的商務人士幾乎都用自己的手機處理公司的郵件。這樣即使在公司外頭或剛下班時，也能隨時隨地瀏覽信件，因此能夠事先想好要回覆的內容。

這麼一來，**早上進公司後就能立刻回信，不會損耗過多的時間。**

面對工作時，最重要的就是為工作排出優先順序。

如果你覺得「中午前都只忙著回覆信件」或「回信花費了太多時間」，**那麼就要從寄來的信件中，區分出必須盡快回覆的信件，以及可以晚些再回覆的信件。**

而這些「不用急著回覆」的信件，可以先向對方報告一句「我會在〇點（〇日）前回覆」，並先寄出去。只要有這個消息，對方也能感到安心。

特別是年輕時，若回信對象是客戶或上司，通常大多數人都會想著「要馬上回信才行」。但其實不用著急，請先養成區分信件的習慣。若具備這樣的習慣，就不會因為回信這件事而搞得手忙腳亂。

在回信這件事上，更重要的是「緊急性」，而不是你與對方的關係。希望各位能在考量這一點後排出優先順序，養成依序回信的習慣。

處理信件的方式，會顯著表現出一個人的特質。心浮氣躁的人，往往信件內容也語意不清、錯誤雜多。相反地，能做好工作的人，信件內容通常簡潔好懂。

除此之外，有些人會喜歡把信寫得太過仔細，結果變成長篇大論，這對忙碌的現代人來說，是非常不體貼的做法。**書寫信件時務必留意內容要簡單明瞭。**

回覆信件要重視簡潔與緊急性！

NG 仔細且慢慢地回信

光是回信就
結束中午前的
工作時間了⋯
收信

OK 先選擇急件回信並寫得簡單扼要

先選擇緊急的
信件回覆！
其他的就
之後再處理！
收信

習慣 30

不該養成的！

思考「完成這份工作就回家」

這麼做更順利！

先決定好「我一定要在〇〇點回家」

不管是哪種類型的工作，如今的就業規範都變得比以往嚴格了。

即使是在牙科醫生的世界，直到幾年前普遍都還是在診療時段結束後才開會，不過現在通常會預留一段不看診的時間，然後在那段時間裡開會。

又比如像讀書會這類活動，現在也需要從診療時段中撥出一部分時間來舉行。

由於像以前那樣診療後才開會或舉辦讀書會，已經違反了就業規範，因此在工作時間內完成，已成為理所當然的事。

以前醫院在下班後開會是很正常的情況，所以從我們這些經營者的角度來看，確實對目前的制度抱有一些疑問。

可是對今天的年輕世代而言，沒有加班才是理所當然的。如果強迫他們將工作帶回去或加班，很可能立刻就會被貼上黑心企業的標籤吧。畢竟是這樣的時代了，我們當然只能遵從；而且其實我自己從年輕時期開始，就非常討厭加班。

正因如此，**直到現在我都還保留著「晚上7點就一定結束工作」的習慣。**

為此，我不會接下可能會跨過這個時間的預約。

雖然偶爾會有患者在看診時段即將結束前衝進醫院想要看診，不過如果情況不是很緊急或嚴重，我都會請對方改日再來。

當然，如果對方疼痛難耐，或無論如何都希望當天能看病，我還是會為對方看診。然而我之所以會在此時婉拒，是因為如果情況並不緊急卻急著想看病，雙方都可能心浮氣躁，從而影響看診體驗，甚至讓彼此留下不好的印象。

像牙科醫院設有打烊時間的還算好，不少公司甚至是「下班有跟沒有一樣」。

也因此有許多人會決定在告一段落時下班回家，心裡想著「做到這裡就回去吧」。

然而，**以工作內容來劃分段落，時常會遇到需要額外花費許多時間的情況，以專注力來說效率也不高。**

而且若公司內多數人都下班回家了，那麼加班的人就很容易因為能講一些平常不能講的話而閒聊起來，最後演變成大家都去小酌一杯的情況。

接著隔天或許還會帶著宿醉遲到。

換句話說，我們不能忘了加班總是有某種風險的。

既然如此，那麼該下班的時間點，與其用工作內容來劃分，不如用時間來劃分會更有效率。

如果下班時間是晚上6點，那就應該倒推回去分配工作時間，或養成制定工作計畫的習慣，在該下班時下班，剩下的就明天再繼續完成。

養成在當天的上班時間內集中精神完成當天工作的習慣，這才是真正聰明的工作方式。

工作不依內容而是以「時間」來分段

這項工作
結束後
就回家！
結果
每天加班…

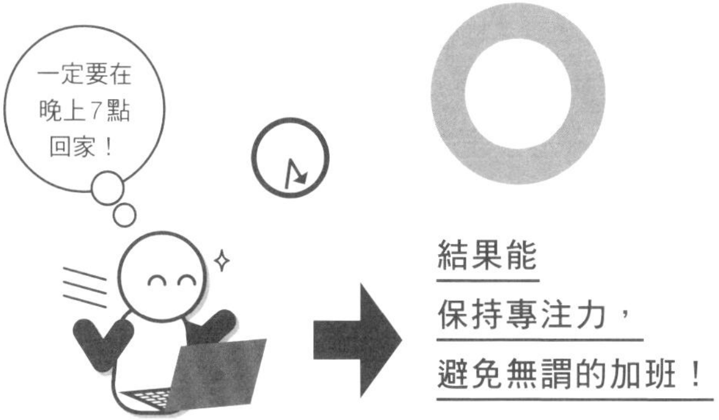
一定要在
晚上7點
回家！
結果能
保持專注力，
避免無謂的加班！

第 4 章

不該養成的人際關係應對法

習慣 31

不該養成的！

想要被大家喜歡

這麼做更順利！

不論對方是誰都保持自然

你希望「被大家喜歡」、「不想被任何一個人討厭」嗎？

的確，每個人都會覺得被其他人喜歡很開心，被其他人討厭則會感到難過。

可是，所有人都喜歡你、沒人討厭你這種事，是不可能的。

這個世界上不存在任何一個被所有人喜歡的人。

即使是歷史上流芳百世的偉人，也沒有任何一個人受到全世界所有人的景仰。

你想要的是連甘地或耶穌基督都做不到的事，這種願望本身就是錯誤的。

配合別人、扮演自己的某一面很多時候確實是必要的。

但是，若對每個遇到的人都這麼做，那顯然會喪失自己原本的特色。

即使被「想受到大家喜愛」的願望沖昏了頭，而隱藏了真正的自我，仍然會在各式各樣的場面或平時的話語與行為中露出馬腳。

而隨著你露出馬腳，**最終很可能會失去對方的信賴，並被其他人認為你是個「虛情假意、不知道在想什麼的人」。**

為了避免發生這種情況，就要養成無論對方是誰都能先保持自然的習慣。

實際上，那些一流的人多半都是在好的意義上相當放鬆、保持自然的人。

會讓對方感到緊張或對對方施加壓力的人，稱不上是真正的一流人士。

若想成為一流、想要成功，那麼就不要看對方的臉色行事，而是在向對方表現敬意的同時，也能保持自然的態度。

此外，若你很常覺得「不管怎麼做那個人都不喜歡自己」，那麼在你這麼想的同時，也就代表你心中有一套計算得失的想法正在運作。

對方愈有權力、愈有名，你就愈容易跪倒在對方的權威之下。

的確，受到這樣的人喜愛或許能帶來暫時的好處或優勢。

可是計算得失若非建立在彼此雙贏的狀況下，是無法成立的。

只有某一方能獲得好處的人際關係，無法發展成長期且深入的往來。

我的習慣是不論面對誰都會保持自然。

因此，常有各式各樣的人跟我說：「井上老師不管對誰都總是同一種情緒呢。」

要說為什麼我能保持這種狀態，**是因為我最重視的就是擁有專屬於自己的時間與環境。**

只屬於自己的時間與環境，可以讓人放鬆並保持自然。

人愈是忙碌，就愈容易忘記「最自然的自己」。

正因如此，我才會保留屬於自己的時間，透過這種方式讓自己記住放鬆且自然的感覺。

既然能保持自然，那麼不論做什麼，心情都會覺得輕鬆愉快。

再怎麼嚮往的工作、與再怎麼喜歡的人交往，如果無法保持自然，那麼也無法長久堅持下去。

也就是說，**若將自己是否能保持自然這件事當成選擇的基準，那麼做起事情來就不會感到猶豫。**

如果能進一步把這種思維化作習慣，那麼自然而然就不再會有「想受到大家喜愛」的期待。

除此之外，只憑利益得失與他人來往的人，不會主動接近那些能夠貫徹自己堅定決心與生活方式的人。

因為當你的生活方式難以動搖，以至於所有人都認為「你就是那種人」時，那麼就只有贊同你的人才會靠近你。

俗話說「物以類聚」確實沒錯；**你現在的人際關係，可說正代表了現在的你。**

然而，要是你還覺得，

「我身邊只有笨蛋」

「最近只有奇怪的人會喜歡我」

那還是請你承認吧，這種情況正是你自己造成的。

並以此為基礎，重新審視到底對你而言，真正重要的人是誰。

習慣 32

不該養成的！

閃避討厭的人

這麼做更順利！

正因為是討厭的人才要貼近對方

在你至今遇到的人當中，肯定也有一些你不擅長應對或不想接近的人吧。

尤其是在商務場合中，不得不與各個世代、各種職業的人接觸，因此也有不少人在出社會後，隨著與他人交流的機會增加，才發現自己不擅長應對或討厭的人愈來愈多了。

即使是牙科醫院，也會有各式各樣的患者來看診。

其中偶爾也會出現一些行為讓人覺得「這個人怪怪的」，或是每次來都讓工作人員感到困擾的患者。

然而，他們依舊是醫院最寶貴的客人。

就算覺得對方很難搞，但若將這種情緒顯露在臉上，不僅可說是服務業的大忌，身為一個社會人士也是不合格的。

話雖如此，也不是說我對人就沒有任何好惡存在。

只是說在商務場合中面對眼前碰到的人，我幾乎不會抱持喜歡或厭惡的情感。

相反地，正因為大家都覺得「很難搞」，不知道為什麼我反而對這樣的人特別有興趣。

以前曾發生過這樣的事。

負責為某位患者服務的女性工作人員跟我說她實在應付不來，所以我趕忙替她上場應對那位患者。

那位患者總是一副要跟人打架的口吻，就算告訴他治療計畫也只會滿嘴抱怨。

但我的心中並不覺得「這個人真討厭」，反而首先出現的是「這個人不論對誰都是這樣吧」的想法，開始覺得對方其實是個很可憐的人。

當我的心裡有這樣的想法後，我的用字遣詞自然也變得溫和許多。

這種感覺一定會傳達給對方，因此對方的語氣也隨之變得溫和了。

然後當整個療程結束時，對方已經成為一位「態度平穩的好先生」。

不只是這位患者，類似的例子還有很多。

由於這些經驗，**我深刻地感覺到，愈是不擅長應付的人，愈要主動靠近對方，如此一來便能輕易地改變對方。**

說到底，這個世界上並沒有什麼好人或壞人。

有好的一面，也有壞的一面，這才是人類；而且如何看待這些面向，也取決於你。既然如此，**若只看對方壞的一面，是無法真正了解對方的。**

只要跟人做生意，不論如何都會出現不擅長應付或討厭的人。**但如果因為討厭就拒絕對方，甚至完全否定對方，那只會讓你自己感覺更痛苦而已。這麼做沒有任何好處。**

無論對方是怎麼樣的人，都應該要保持良好的人際關係。這是為了你自己。

人對於曾經討厭過的人，是很難再有機會翻轉評價的；討厭的人愈多，生活就會過得愈痛苦。**那麼，為了不讓自己這麼痛苦，最好要養成稍微改變對對方的看法，並主動釋出善意的習慣。**

人際關係的關鍵不是「能與多少喜歡的人在一起」，更重要的其實是「如何盡量不讓自己與討厭的人來往」。

在討厭對方、自己也變得難受之前，肯定還有什麼能做的事。

還請相信這點，養成自己主動採取行動的習慣吧。

正因為是討厭的人才要貼近對方！

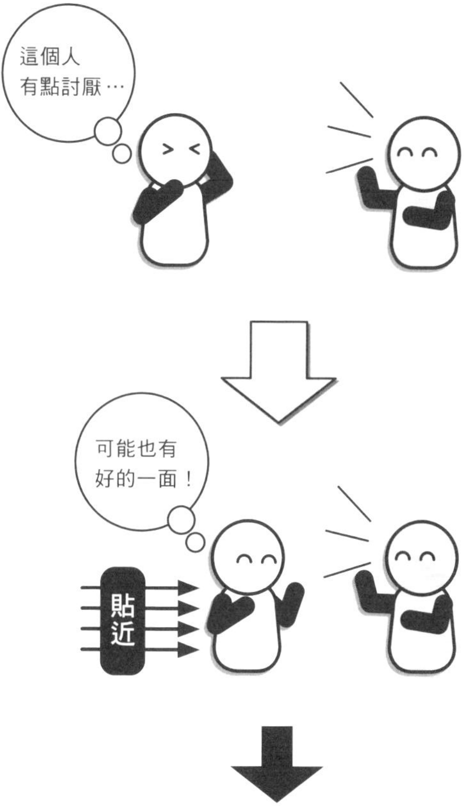
這個人
有點討厭…
可能也有
好的一面！
貼近

減少討厭的人，改善人際關係！

習慣

不該養成的！

配合對方的價值觀

這麼做更順利！

不用改變自己的價值觀

自己與他人之間愈是分享彼此的價值觀，愈能建立深刻而堅定的人際關係。

勉強自己配合對方、整天窺探他人的臉色，這種關係是不可能長久的。

夫妻之間也是一樣。

據研究顯示，現在每3對夫妻就有1對會離婚，而其中離婚的原因似乎多半都是「價值觀的差異」。

這也就是說，因為無法與對方共享自己的價值觀、因為沒辦法活出自我，才導致婚姻關係最後走向破裂。

然而，**就算生活方式與個性完全不同，只要價值觀相合，就能維持長久的關係。**

不只是夫妻，工作夥伴或朋友之間也相同。明明興趣或個性截然不同，但彼此就是合得來，像這樣才算是真正意義上價值觀相合的人。

而這價值觀的源頭就是「自我特色」。

再怎麼喜歡的對象，如果在對方面前沒辦法維持自我特色，那麼就很難說彼此的價值觀是相合的。

不論在什麼情況下，你是否都能坦率地活出自我？請以此為基準來選擇交往的對象。

也因為如此，**就算對方與自己的價值觀不合，也請不要責備對方。**

人的價值觀不分好壞。

你的「普通」在對方看來，很有可能是「異常」。

換句話說，價值觀會隨著不同的人而有無限多種類型與特質。

這麼一想，各位應該就能發現，能和你當了多年的好朋友，或是合作許久的工作夥伴，是多麼與你合得來、與你有緣的人。我想現在你的心中，應該充滿對他們的感謝吧。

在商務場合中，往往無法只與自己喜歡的人共事。

很多時候，你不得不與自己不喜歡的人來往。

在20多歲這個年紀，有非常多人會因為拚命顧及人際關係，而感到疲憊不堪。

正因為這個時期尚未確立自身的價值觀或工作方式，所以才會感到這麼煩惱。

可是，**不論在什麼狀況下，其實都可以保持最自然的自己。**

雖說是新進員工，也不一定非得事事都遵照主管或前輩的意見，把自己的想法壓抑在心裡。

如果覺得對方有錯就老實說出來，具備這種勇氣的人，才會被評比為有價值的人才吧。

而既然開口這麼說了，那就必須持續拿出相應的成果。不管嘴巴講得再好聽，要是沒辦法拿出成果，只會造成反效果。還請各位以「能夠保持自我、又能拿出成果的人」為目標努力吧。

習慣 34

不該養成的！責備對方

這麼做更順利！接受對方

這世上沒有好人也沒有壞人。**除了觸碰法律底線的事情以外，沒有什麼正確或錯誤的事，它們的價值全都取決於你。**若能先理解這點，以後就不會責備對方了。

然而，有許多人未能察覺到這一點。尤其是位高權重的掌權者、領導者或經營者，由於他們能憑藉一己之力推動組織，身邊必然會增加很多唯唯諾諾的人。在沒有人反駁的情況下，往往會覺得自己就是最正確的。

如果你**處於領導者這個立場，那麼你可以思考一下現在是否有誰會反駁你的意見**

或是提醒你哪裡有誤。要是你想不出這樣的人，那就必須重新審視自己的行事作風是否變得比以前傲慢。

即便不是領導者這個立場，也可以想想當某人做出意料之外的事情時，你是不是會責備對方太荒唐了，或覺得對方正在做蠢事？

這其實是因為價值觀差異而表現出來的拒絕行為；當你了解對方與自己價值觀不同時，你就不會把這種話說出口。

想要斥責對方時，請先找出對方這麼做的理由。

接著只要從中開始思考該怎麼修復或彌補，想要斥責對方的情緒自然就會消失。

舉例來說，若部下或後輩犯了很嚴重的失誤，那麼你可以去了解對方為什麼會犯錯，並由此知道那位部下不擅長處理什麼工作。

了解部下什麼事情做不到是身為上司的工作。

請把這件事想成**透過失敗，其實你自己也抓住了一次以上司身分成長的機會。**正因如此，你根本沒有必要責備部下。

育兒也是同樣的道理。

比方說孩子考試成績不好時，許多家長往往都會責備小孩。

但實際上，**透過孩子所考的分數，你同時也知道了孩子對什麼科目比較不拿手。**

我想說到這裡，各位應該都能理解生氣或責備其實沒有什麼意義了吧。

而且責備對方這件事本身，就代表你跟對方是同一個水準的人。

所謂「以牙還牙」是身為一個人最不該做的事。或許是受到電視劇影響，有些人會誤解這是應該的，然而現實中這麼做是非常嚴重的錯誤，還請各位謹記這一點。

責備對方前先找出理由

NG 憑著一股怒氣責備對方

攻擊

OK 思考自己為什麼想責備對方

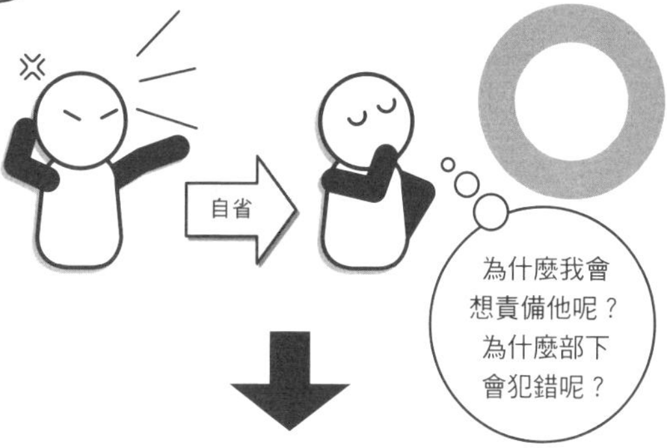
自省
為什麼我會
想責備他呢？
為什麼部下
會犯錯呢？

這是了解對方不擅長做什麼事情的好機會！

不該養成的！片面斷定「心情不好的人是糟糕的人」

這麼做更順利！替對方思考「為什麼這個人心情會不好？」

你身邊有沒有那種讓你感到「他現在心情不好，還是不要靠近他」或「他今天心情很好，是不是發生了什麼好事」的人？

我想任何人聽到這個問題，肯定都會想到一兩個人吧。

而你應該會覺得這樣的人「很麻煩」，或是「需要特別顧慮，讓人感到很疲累」才是。

可是，就算對方心情不好，也不該片面地認為全部的錯都在對方身上。

這是因為**「心情不好」這種情緒底下，必定還隱藏著第2種情緒。**

這份情緒才是導致那個人心情不好的真正原因。也就是說，這世界上不存在那種明明什麼事也沒發生，就真的只是單純心情不好的人。

未能看透這一點，而認為「心情不好的人會帶來負面影響，所以應該要遠離他」，這其實是錯誤的觀念，也代表你沒能真正看清對方的內心。

這種思維根植於內心的人，往往只會從表面來判斷他人。

舉例來說，如果你因為「太太的心情總是很糟糕讓人很困擾」或是「先生的情緒起伏很大令人感到疲累」等理由而煩惱不已，那麼這很有可能是因為你自身的某些因素，導致對方心情不好。

首先要做的是試著思考對方心情不好的理由。

若能找出真正原因，並採取行動防止這種情況再次發生，那麼對方的心情一定會

好起來。

這麼一想便可以知道，時常把「因為△△先生情緒起伏很大所以很難搞」或「那個人總是心情很差耶」掛在嘴上的人，其實往往都很被動，不會思考自己能為對方做些什麼。

他們或許覺得問題全出在對方，但事實上，他們自己的想法也存在偏差。

人對於愈常見面的對象會愈熟識，進而表現得更為任性。正因如此，還請各位養成總是站在對方立場來思考的習慣吧。

只有養成這個習慣的人，才能建立起長久且深刻的人際關係。

發現心情不好的人「隱藏在心中的情緒」！

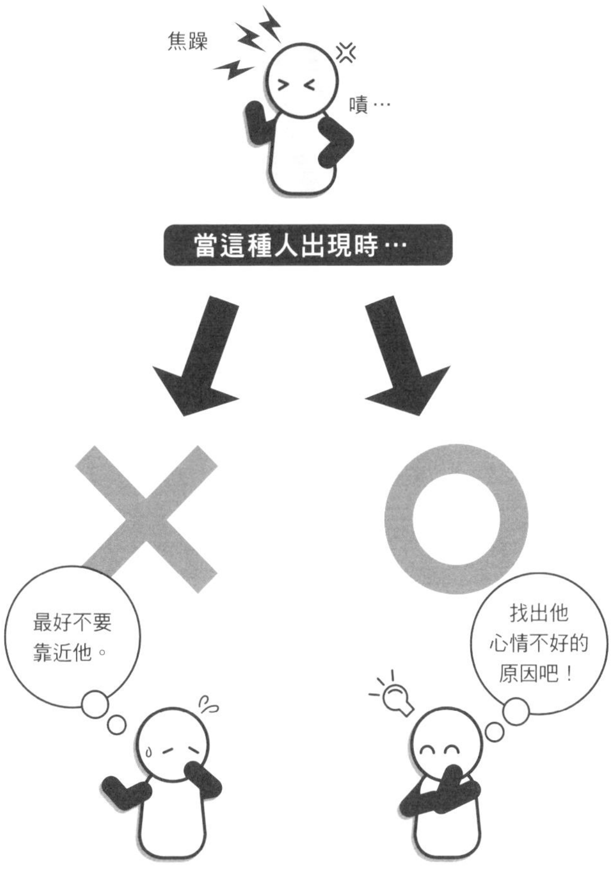
焦躁
嘖…
當這種人出現時…
最好不要
靠近他。
找出他
心情不好的
原因吧！

不該養成的！

只是做做樣子說「謝謝」

這麼做更順利！

誠心誠意說「謝謝」

「謝謝」是最美也最有價值的一句話。

父母與老師在我們年幼時就會教導我們「一定要說謝謝」，而且不論讀哪本書都會提倡「謝謝」的重要性。

在人與人的團體生活中，最重要的就是彼此心懷感謝。

而這份心意就凝聚在這句「謝謝」當中。

可是這個世界上有許多濫用「謝謝」的人。

「總之先說句謝謝就好了吧。」

事實上的確有人是這麼想的。

比方說把主管交代的工作呈報上去時，各位肯定都碰過主管隨口講一句「OK，謝謝啦」的情況吧。不僅眼睛沒有正視自己，說出來的話也漫不經心，像這樣的「謝謝」聽起來也不會令人感到高興。

相反地，若主管看著你說「△△，你幫了我大忙了，謝謝你！」那肯定會讓人想繼續為這位主管加油努力吧。

也就是說**光是「謝謝」一句話的不同表達方式，就可能讓對方感到不愉快，又或者反過來激起對方的幹勁。**

如同「身心一如」這句禪語所示，心與身體是一體的。

話語中蘊含著說話者的靈魂；若沒有將能量灌注在話語中，那再怎麼華美的詞藻也無法打動對方。不論是工作、戀愛還是友誼，能與對方交換多少能量，才是決定彼此關係性質的重要因素。

你能在「謝謝」這兩個字裡放進多少心意，便是決定你與對方關係的關鍵。

你自己是否也只是在形式上說聲「謝謝」呢？尤其是我們對身邊的人或重要的人，常常會有「他一定能理解我」這樣的天真想像。

所以會下意識地覺得請對方幫忙是理所當然的，對方一定會幫我做，甚至有可能連謝謝都不說了。

正因為是親近的關係，若缺乏感謝的話語，更容易產生誤解，最終導致彼此間無法彌補的巨大鴻溝。

如果你覺得自己平常好像都沒有對身邊的人或重要的人表達感謝，那就在某個紀念日等時機，誠心誠意地向對方說一句「謝謝」吧。

偶一為之也好，只要能打從心底懷抱感謝之意傳達給對方，就能改變彼此的看

法，並在良好的方向上建立起與以往不同的緊密關係。

那些要傳達給重要之人、別具意義的「謝謝」，最好的做法就是注入自己全部的心意，彷彿你現在就要和那個人做最後的告別一樣。

如果能養成習慣，從平時起就對任何人全力表達自己的感謝，那麼無論對方是誰，都能與之建立深刻的關係。

比方說，名氣愈大或名聲愈高的人，在道謝時往往也都比常人更加誠懇坦率，因此他們才能獲得更多協助與支援。

若只是個二流的成功人士，則會認為「是自己一個人努力獲得成功的」，所以不會對身邊的人表達感謝，說出口的「謝謝」也流於表面。

換句話說，你怎麼運用這兩個字，可以說決定了你的人際關係與周遭評價也不為過。正因如此，希望各位能夠養成無論何時都打從心底向對方說「謝謝」的習慣。

習慣 37

不該養成的！

等對方向自己打招呼，再回應對方

這麼做更順利！

自己主動向對方打招呼

人類的煩惱幾乎都來自人際關係。

生意往來、戀愛、朋友，所有這些都建立在人際關係上，因此才會讓人永遠都在傷腦筋。

愈是悶在心裡覺得「沒辦法跟其他人好好交流」的人，就愈想要透過讀書或講座等等來解決煩惱。

可是不管學到多好的方法，都不該忘記溝通交流的基礎其實是「打招呼」。

令人意外的是，很多人從來沒有發現過這一點。

打個比方，**你每天早上都有好好對家人說「早安」嗎？**

一這麼問，我想應該不少人都會回答：「早上沒有在打招呼的」。

不只是家人，你對同公司的員工或朋友們也會主動上前打招呼嗎？

若不是剛好一起搭到同一台電梯、若不是視線交會、若不是對方先向我打招呼……只要沒有這些理由，許多人就不會主動打招呼。

也就是說，**這代表你嘴巴上雖然說著對人際關係感到煩惱，然而對於打招呼的重要性卻一無所知。**

沒有人會因為被打招呼而感到嫌棄或厭煩。

當對方向你打招呼時，每個人都會覺得很高興。既然如此，那我們就沒有猶豫半天、不打招呼的理由。

這邊稍微打個岔。很多時候到了週末，我會因為行程的關係，跑去住在東京的旅館裡。

由於我都選擇住在同一間旅館，因此常常會跟旅館員工碰面，也很常跟行政人員聊天。

成為這種關係的契機，無疑就是從「打招呼」開始。

如今我會自己主動向工作人員打招呼，而不是等他們先上前搭話才回應。之所以這麼做，是因為我發現由我主動打招呼，工作人員顯然會更開心。

無論是誰，都會覺得比起自己先開口打招呼，對方向自己打招呼是一件更令人開心的事。正因如此，我才會選擇主動開口。

打招呼是能夠讓對方感覺到幸福的魔法話語。

如果你現在正苦於人際關係，那麼首先就要養成主動向對方打招呼的習慣。

若是在商業場合，儘管要向公司內的所有員工打招呼是頗為困難的事，但至少也要主動向同一層或同一小組的成員打招呼，這樣肯定能改變大家對你的印象。

實際上，**我身邊那些可稱為一流的人士，多半都會謙和有禮地向他人打招呼。**換句話說，打招呼是建立良好人際關係不可或缺的一環。

不該養成的！
一定要以對方為優先

這麼做更順利！
以「對方80：自己20」比例來思考優先次序

很常看到「以毫不動搖的自我為主軸並貫徹到底」這類的標語，然而世上一切事物，真的都能憑一己之見來決定嗎？

社會上確實有一些人因為總是在配合別人而失去自我。對這些人來說，「尊重自己的意見會更好」這句話足以拯救他們的心靈。

可是，所謂重視自我，是一種在想要實現夢想或達成目標時所需要具備的思維。

必須理解到，這不單單只是表達「想過上稱心如意的生活」而已。

說穿了，大多數的人都是以自己為優先。

「我總是在配合別人」、「沒辦法說出想說的話」會這樣煩惱，本質上都是因為事情無法照自己的想法進行，所以才會覺得難過。

也就是說，**其實大家都是不自覺地以自己為優先，所以才會對「請以對方為優先」這句話心有所感。**

正因為平時自己做不到，所以才會開始反省，希望自己能多考慮他人、以對方為優先。

那麼我在這裡問一個問題吧。

你跟伴侶要吃晚餐時，你會怎麼跟對方講呢？

你是像「我想吃△△，你覺得怎麼樣？」這樣搭話，還是像「你想吃什麼？」這樣詢問對方的意見？

認為我們應該要以他人為優先的人，應該都會詢問「你想吃什麼？」並聽取對方的意見吧。

因為這樣的人會覺得，這對他人、對自己來說都是好事。

但實際上，當我問身邊的工作夥伴及員工這個問題時，他們反而會說，比起每次都聽到「你想吃什麼？」或「你想去哪裡？」，偶爾聽到一句「我想去△△，你要不要一起去？」會更令人開心。

也就是說，**相比起隨時隨地都以他人為優先，偶爾也以自己為優先，這樣的比例對他人來說才是最舒服、最愉快的相處方式。**

而這個比例就是**「帕雷托法則（80：20的法則）」**。

10次中有2次以自己為優先來處理事情，這種做法對於建立良好人際關係、讓對方產生好感，有著非常好的效果。

愈是自己重視的人，往往就愈想配合對方。

站在自己的立場思考，肯定會覺得表達自己的主張很困難，也會因為不知道對方是怎麼想的而感到惴惴不安。

可是考量到對方的心情並傳達自己的想法，並不是在主張自我，對方也絕對不會認為你很自私。

實際上，要是你總是以他人為優先，那麼你自己也會疲累不堪。

正因如此，**還請意識到自己每10次中要有2次「以自己為優先」，同時顧慮對方的心情。**

就算你覺得「好像有點強硬？」但說不定對方反而會覺得很高興呢。

習慣 39

不該養成的！

受到邀請後總之先答應

這麼做更順利！

就算受到邀請也要有拒絕的勇氣

如同「無法說NO的日本人」這句話所示，日本人不管對什麼事，只要拒絕就會感到罪惡感。

日本人擅長的是嚴格區分人前人後，並透過說一些客套話來建構「表面上良好的關係」。

可是，隨著接觸頻率增加，彼此就會開始覺得不對勁，漸漸產生「他到底是怎麼想的」、「那個人到底在想什麼」等想法。

特別是在商務場合，有許多人只會維持表面上的合作關係，僅有非常少數的人會進一步深入，在彼此間建立私人交情。

將人與人之間的往來當成工作，那麼理所當然地，當工作結束後彼此的關係就隨之中斷。這不是壞事，甚至可以說，這種往來方式讓關係的性質更為清晰明確，不會產生多餘的人際糾葛。

但愈是認真的人，愈覺得必須珍惜工作上遇到的所有人。為此，**有很多人會養成「別人邀約我總之就先答應」的習慣。**

有時候，我在商務場合中遇到的人也會問我：「下次要不要跟大家一起去聚餐？」**但因為我不想公私不分，所以就算別人邀請我，我也不會隨意脫口說出「沒問題，我很樂意」。**

這是因為要是當下隨口答應對方，就有可能讓對方產生期待。

我婉拒時當然會仔細慎選用詞，盡量考慮周全並維持對對方的敬意，不過因為我已經多年來都是這樣的行事作風，所以受到邀請的次數也減少很多。

不如說，正因為大家都知道我是這樣的人（不會公私不分），所以彼此的關係乾淨清楚，同時也維持著良好的聯繫。

因此請各位務必養成習慣，面對即使在私底下也不想見面的人，就絕對不要隨口答應對方的邀約。

這在戀愛或朋友關係中也是相同的。

若不打算再次見面，那最好就不要說什麼「彼此安頓後再碰個面」或「有空時我會聯絡」這類意思曖昧不清的回覆。

因為這會給對方過度的期待。

你要是覺得「不會再跟這個人見面了」，那就鼓起勇氣果斷拒絕吧。或許這時你會抱持著罪惡感，但讓對方有所期待，其實才是更不體貼的做法。

有勇氣拒絕的人，才是真正最能為對方著想的人。

不論是工作還是戀愛，最好都要擁有拒絕他人的堅強。

要是對方因此生氣或感到傷心，那就表示對方也不過是這個程度的人而已，能夠早早看清這一點其實是件好事。

人際關係可以由你自己選擇。別忘了，你才是自己的主體。

習慣 40

不該養成的！

展現自己的個性

這麼做更順利！

配合對方「展演」自己

雖然我的交友圈非常小，但即使如此也能發現，**以「朋友的朋友」這種方式相遇的人，在往後很有可能會與自己有深度的來往。**

這是因為在正式介紹以前，朋友就已經向對方提過我的事。

也就是說，在彼此見面前，對方就已經知道我是怎樣的人，而在這個基礎上還願意與我見面，才更有利於建立彼此間的信賴關係。

人際關係最重要的就是「相遇的方式」。

要是剛見面就覺得對方「感覺很差」或「肯定合不來」，那麼理所當然地，今後也不會發展成緊密的關係。

正因如此，如果想要珍惜彼此間的第一次碰面，那就要做好事前準備。

舉例來說，若有人要將醫療相關的權威人士介紹給我認識，那我會在事前查詢對方是個什麼樣的人。

對方目前從事什麼工作、住在哪裡、長相如何。

如果對方是正在經營公司的人，我還會瀏覽該公司的官方網站或個人簡介；若有訪談報導，我也會盡可能看過一遍並記在腦中。

由於近年來許多人都有經營社群媒體的習慣，因此我也會一併確認這類資訊，並養成盡量調查對方背景的習慣。

然後到了實際見面的那一天，我會主動開口提到這些內容：

「醫師，您之前在學會上也是穿這套西裝呢。」
「在之前的訪談中，醫師您說不會實行一些自我啟發的行為，這是為什麼呢？」
如此一來，對方會因為我很了解他而感到高興，並進一步告訴我各式各樣的觀念與想法。
之後若接著說：「我想聽聽醫師您對自我啟發的感想。若您了解到潛意識這個範疇的知識，我想會看到更不一樣的世界。」在話題中加入自己的專業領域，那麼對方心中就會產生想聽你談論這些事的興趣。
到了這一步，終於確立了彼此間「平等的立場」。
正是這種沒有誰在上、沒有誰在下的立場，才是建立信賴關係時最重要的基礎。
而在走到這一步之前，當然也會特別留意外在打扮以博得對方好感，畢竟服裝儀容在彼此第一次見面的場合中，是最基本要遵守的禮節。
現在這個時代，若沒被選上就無法成功。之所以有這麼多人在學習如何打造個人品牌或展示自我的方法，也是為了成為被選上的人。

但這並不代表讓自己引人注目就可以了，過度強調自己的特色反而是NG行為。

尤其是在**初次見面的場合，與其將重心擺在如何展現自己，更應該養成習慣先扮演對方喜歡的自己，**這麼做更有機會加深往後彼此的關係。

而在那之後，**為了提高對自己的好感，讓對方窺見自己充滿人情味的一面**是一個很實用的小技巧。

這麼做是因為，比起完美之人，人反而會對多少有些弱點的人更感興趣。

有時候，邂逅了某個人，可能就會改變你之後的人生。

而這段關係的起點，就是「相遇」的場面。

不論是什麼電影還是電視劇，都會仔細描繪角色彼此相遇的情節。相遇對人生來說就是這麼重要的事。

如果你想要珍惜彼此的第一次相遇，那麼就在配合對方的同時，也扮演一個能讓對方感到興趣的人。

要是能做到這件事，你的人生之路必定會受眾人所眷顧。

第 5 章

不該養成的金錢習慣

習慣 41

不該養成的！

愈有錢愈幸福

這麼做更順利！

能用錢得到的幸福有限

大家都很愛錢。

這是無庸置疑的事實，每個人也都想要更多的錢。

但是，**就算很有錢，也不一定會得到幸福。**

這是因為即使有錢，人也沒辦法光憑金錢本身就感到幸福。

打個比方，你現在帶著1億日圓跑到無人島上。

雖然島上有簡單的住居，也有一定程度的食物，但沒有人會跟你說話。

即使這樣，你也會感到幸福嗎？

比起身上帶著很多錢的幸福，恐怕你更會感到孤獨。

也就是說，光是擁有大量金錢，人也無法真正感到幸福。

事實上，金錢是對社會做出貢獻所得到的報酬；為其他人及社會付出心力，並藉此獲得回報。若能再為了這個世界上的人們使用金錢，那又能再次獲得幸福。

換句話說，**金錢是藉由「循環」來產生能量的。**

愈覺得「只要有錢就幸福」的人，愈會拚命存錢。

日本人為了家計所留存的現金，也就是私房錢，據統計已經超過100兆日圓了（參照二〇二〇年十二月時的「資金循環統計」），由此可見有多少日本人深信存錢是一件好事。

當然，有總比沒有好。

然而，當問及我所見過的名人或成功人士，是不是每個人都因為有錢而感到幸福，我的答案是否定的。

舉例來說，有很多人因為過於注重創造人脈或交際應酬而搞壞了身子，或因為工作而失去了與家人和伴侶相處的時間。

此外，或許是沒能關懷家人的代價，令人意外的是，有不少人即使過上富饒的生活，最終卻與孩子們漸行漸遠，關係變得不再那麼親密。

正因為我看過這樣的例子，我才敢斬釘截鐵地說：「收入高並不一定能得到幸福。」

我們該做的是確保能夠守護重要事物的時間，並採用符合自己價值觀的金錢運用方式。這才是最能帶來幸福的錢財用法。

有錢就能幸福嗎？

有錢 ≠ **幸福**

↓

光靠金錢不會變得幸福

金錢是透過「循環」而產生能量

↓

你是否拚了命地在存錢呢？

幸福的構成要素

健康、家人、朋友、
工作、同伴、飲食、
興趣、旅行、小孩、
金錢⋯

習慣 42

不該養成的！ 為了自己花錢

這麼做更順利！ 為了別人花錢

「不可以亂花錢喔。」

每個人小時候大概都聽大人這麼說過吧。

接受過這種教育的人，**會下意識地深信「存錢＝好事」**。

若你因為這種教導，現在總是優先把錢存下來，忍住不去買想要的東西，那我建議你應該立刻停止這種行為。

當然，如果你存錢是有特定目的，比如用來保留一個人生活的資金或積攢大學學費，那這就是件很棒的事。**可是，毫無目的、只是為存錢而存，那麼這就是壞習慣。**

如同前面所述，金錢是透過循環的方式來產生幸福能量。

既然如此，**為了存錢而拚命忍耐，就等於抑制了能量的流動，讓幸福能量無法流入心裡。**

另外，日本人也有把公開與金錢有關的事情當成禁忌的傾向。沒有人會隨口向人問說：「你有多少儲蓄？」或「那間公寓你花多少錢買的？」

即使是交情很好的朋友，如果對方不是你非常信任的人，我想各位也不會老實回答吧。

可是在國外，金錢在日常對話中是稀鬆平常的話題。

外國人對於想要錢這件事，沒有過度的羞恥心，也沒有想要隱藏的念頭。

題外話，我的商業夥伴很常捐款給需要幫助的人。

「就算只有一點點，也想要盡量幫助到其他人」他心中有這樣一股強烈的信念，我對養成這種習慣的夥伴感到很驕傲。

更重要的是，日本具備完善的制度與系統，能夠像這樣互相幫助有困難的人，我認為這是一個很棒的國家。

平常非常關照我們的人結了婚或生了小孩，在這樣值得祝賀的場合中贈送禮物給對方，我覺得這也是很好的習慣。

在收禮的人眼裡看來，比起禮物，更令人開心的是那份心意。

話語裡頭蘊含著靈魂；誠懇地表達自己「想要錢」，就會奇妙地產生金錢不斷聚集的能量。換句話說，鄭重地將「我想要錢」或「我愛錢」說出口，是一件好事。

接著，就為了人們、為了這個社會使用拿到手的錢吧。

如此一來，各位就能實際感受到金錢化作一股更巨大的能量，回到自己手中。

錢不是用來存的，而是為了他人使用！

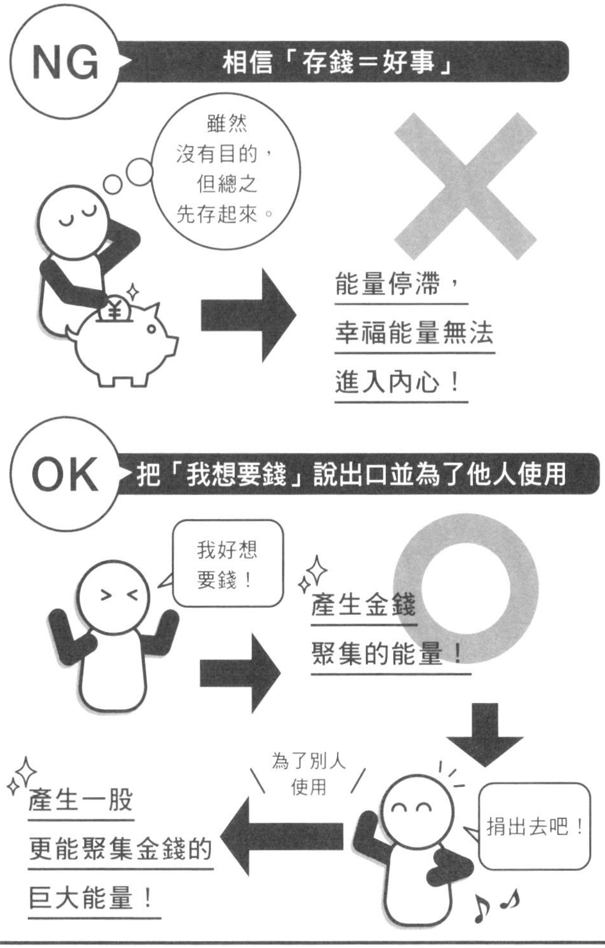
NG
相信「存錢＝好事」
雖然
沒有目的，
但總之
先存起來。
能量停滯，
幸福能量無法
進入內心！
OK
把「我想要錢」說出口並為了他人使用
我好想
要錢！
產生金錢
聚集的能量！
捐出去吧！
為了別人
使用
產生一股
更能聚集金錢的
巨大能量！

習慣 43

不該養成的！
只投入在股票等金融投資

這麼做更順利！
積極投資在學習機會上

說到「增加金錢」，或許很多人會先聯想到股票等投資手段吧。

的確，市面上熱銷的書很多都與投資理財有關，「我們可以透過額外方式增加錢財」的觀念也正在普及。

但是，原本所謂的金錢，並不是為了求取回報而使用的東西。只有當它是為了社會上的人們而使用時，金錢才會回到自己手上。

投資股票由於沒有能量的交換，因此回報也是有限度的。

可是，用在其他人或社會上的金錢沒有限度，所以回報也是無限的。

說到透過股票取得的金錢，我想各位應該不會從中感覺到多少感恩或幸福感吧。汗流浹背賺來的1萬圓，和在電腦上賺來的1萬圓，哪一種會讓人打從心底覺得開心呢？我想任何人應該都會對親自勞動賺來的1萬圓感到更有幸福感才是。

近年來，有愈來愈多人選擇投資高額的講座或研討會等活動來提升自我。這當中有些講座的費用甚至高達數百萬日圓，然而愈是昂貴，慕名前來的人也就愈多。

這是因為他們知道，費用愈高，愈能產生能量的交換。

藉由付出巨大的能量（支付金錢），會有更大的能量回到自己身上，這不僅是世界運作的原理與原則，更是亙古不變的事實。

了解這點的人，縱使講座費用高達數百萬圓，也會毫不猶豫地報名參加。然後，**所有人都會異口同聲地說：「就是因為貴，才能拿出幹勁。」**

我身為講師，至今也舉辦過多場講座，吸引數千位聽眾參加。以前曾有一位聽講者對我這麼說過：

「井上老師的讀書會對我來說雖然很貴，但這是我第一次遇到回報這麼大的講座。雖然至今為止已經上過許多各式各樣的課程了，可是能夠獲得這麼多能量與成果的，就只有這場講座而已。」

儘管他是一名積極熱情的學生，這點本身就讓我感到高興，但更重要的是，我的講座成為了他之後人生改變的契機，這才是最令我開心的事。

與此同時，這也讓我重新認識到——提供知識的人，也必須誠摯、認真地給予對方應有的能量。

世上還有很多免費或價格低廉的研討會或講座。

但從能量交換的觀點來看，我們大致可以預測，小規模的投資，自然也只能換得相對微弱的能量回饋。

實際上，光憑網路搜尋所得到的免費資訊，無法從中獲取真正有價值的情報。

那麼，**我們就不該只把錢全部花在股票等金融投資上，也要將錢花在能夠成為自己血肉的學習機會上，這才是更好的做法。**

所謂的金錢，只是用來交換能量的工具。要是能理解這一點，自然而然就能找出正確的金錢運用方式。

習慣 44

不該養成的！因為沒有錢而放棄想做的事

這麼做更順利！就算沒有錢也思考現在的自己可以做什麼

當你看到開豪車、身上掛滿各種名牌飾品的人時，你對他會有什麼印象呢？

「既然開豪車，那應該就是有錢人吧。」

「能買得起這麼多高級名牌，應該賺很多吧。」

要是你這麼想，就得多加小心了。

這是因為**對金錢愈執著的人，愈容易只憑外表或價格就判斷對方的一切。**

這類人總是會把「雖然我想△△，但我沒錢所以做不到」或「存好錢就去做△△吧」掛在嘴上。

而如果把這些話講到變成一種習慣了，那錢財更不會來到手上，形成持續惡化的惡性循環。

說到底，所謂「有錢人」的標準本就籠統不清。

有些人就算得借錢也想開豪車，但也有許多資產家長年都只穿同一套衣服。

因此，只憑外表就判斷對方「肯定是個有錢人」是大錯特錯的。

同樣地，很有可能其實你自己也不是沒錢，只是深信自己是貧窮的那一方而已。

你現在至少有可以買下這本書的錢。要是你真的為錢所困，那應該會去買米，而不是買書。

如果你覺得「自己沒錢」，那肯定是個錯誤的想法。

然而你卻放棄了自己真正想做的事，或忍住不買自己想要的東西，各位不覺得這樣很可惜嗎？

此外，有錢人往往被認為不會執著於金錢，但實際上並非如此。正因為是有錢人，所以他們對於賺錢非常積極主動，行動力也比常人強上許多。

愈是辛苦才賺到錢的人，愈容易養成根深蒂固的習慣，總會以同一標準判斷一切事物。

以外表或價格來判斷他人的人，往往會錯失那些真正重要的事情。

如果你將放棄想做的事的原因全部歸咎給金錢，那代表你很有可能沒發現自己真正需要的事物到底是什麼。

還請各位小心，這種思考方式會讓你離夢想或目標愈來愈遠。

要是能察覺這一點，你自然就不會再說出「我沒錢」這種話了。

不要把做不到想做的事，全都歸咎於「自己沒錢」

NG 因為沒錢，所以放棄想做的事

雖然想做○○，
但因為沒錢
只能放棄了。
夢想

OK 不把金錢當成藉口放棄想做的事

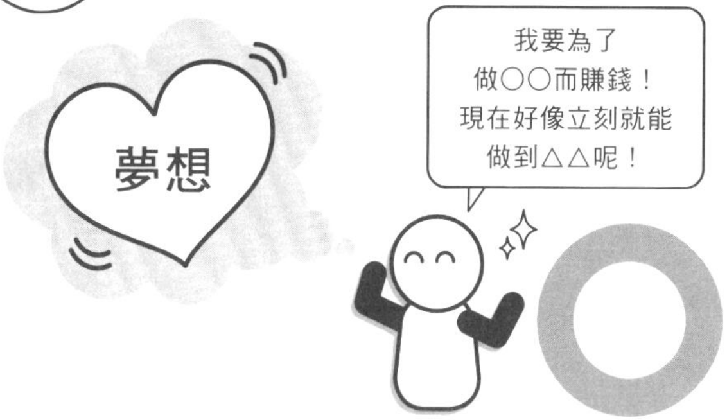
我要為了
做○○而賺錢！
現在好像立刻就能
做到△△呢！
夢想

不該養成的！

想要高價物品！

這麼做更順利！

抱持明確目的購買，且珍惜一輩子

一切事物都蘊含著能量。

金錢、物品、身體等眼睛看得到的事物以外，包含話語、音樂、聲音等眼睛看不見的東西，也都蘊藏著能量。

就算只是一件衣服，也是同樣的道理。

比如說，

「我終於買到一直很想要的大衣了。」

像這種時候，這件大衣裡就飽含你對它的愛，這也是一種能量。

另一方面，

「這個我不要了，送給你。」

像這樣從別人手上免費拿到的大衣，不論價格多昂貴，都不會含有愛這種能量。

常有人說：「衣服我一定會等到促銷或特價時才買。」

如果是從以前就很想要的東西，剛好賣得很便宜，那就真的是運氣好；不過基本上，**特價商品裡頭只會有「賣剩的能量」。**

當然，這些商品之所以被特價，並不代表它們是劣質品。但因為商品本身的能量相當低，所以很不可思議地，無論是誰穿戴在身上，通常看起來都沒什麼魅力。

從商品的能量這個觀點來看，我對於買二手書這件事也略為抗拒。

若想要的書只能夠透過二手書市場買到，那我當然還是會買，不過書幾乎可說是能量的團塊，因此我會盡量買新書。

除此之外，**常有人說最好買高價的東西然後珍惜一輩子，但我不認為那一定是正確的選擇。**

你當初想要珍惜一輩子而買回來的昂貴商品中，有多少個到現在你仍然有好好保管並持續使用呢？

或許有些人會回答「好幾個」，但肯定也有人回答「沒有」。

人是容易膩的動物。即使買了一件昂貴的商品，說不定很快又會想要新的。

然而，**要是你心想「既然都買回來了，不用太可惜」，以半強迫的方式逼自己使用它，那麼這東西本身就不會產生能量。**

看到這裡，我想大家都能理解，貫徹只買一件高價物品的思維，並不一定就是正確的。

話雖如此，我在40歲的時候也曾買過一件某品牌的紅色騎士外套。

雖然價格確實頗為昂貴，

「20年後迎來花甲之年時，我希望自己的生活方式能配得上這件外套。」

正因為我心中有這樣的信念，所以毫不猶豫地買下來了。

「為了接近更好的自己，以便能配得上那件商品所擁有的能量」，在購買高價物品時，將這樣的想法當成目標是很重要的。

「總有一天想成為很適合戴起這支錶的男人。」

「想成為能配得上這款包包的女性。」

「想成為開這台車也不會讓人覺得奇怪的人。」

一切都是為了讓自己的價值更貼近物品的價值而進行購買，還請各位養成這樣的習慣。

只是為了炫富、為了滿足自己的虛榮心才買高級名牌，這種隨便的思維才是真的在浪費錢。

我再過幾年就要邁入花甲之年了。

每次看到衣櫃裡那件紅色外套，我都會想起40歲時的自己，於是便會繃緊神經、重新振作起來。

這件騎士外套能讓我找回初衷，也讓我想像未來的自己，從我買下它那一刻起，它就是我一直以來非常珍惜的寶物。

帶著目的購買，珍惜一輩子

因為很便宜，
買特價商品吧！
既然都買了
那麼貴的東西，
不用白不用！

特價品當中
只蘊含「賣剩的能量」。

就算強迫自己使用它，
商品本身也不會
產生能量。

總有一天要
成為配得上
這個的人！

購買高價物品時，最重要的是將
「為了接近更好的自己，以便能配得上那件商品
所擁有的能量」當成購買的目的！

習慣 46

不該養成的！

絕對不可以借錢

這麼做更順利！

借錢是在社會上仍有信用的證明

大多數被稱為成功人士的人都曾有向人借錢過的經驗。

如果了解金錢只有在為了他人或社會使用時，才會再度回到手上這個機制與原則，那麼各位就能同時理解**如果不借錢的話，無法達成什麼宏大的目標。**

這世上有許多人都認為「絕對不可以借錢」，但這些人並不了解能量流轉的原則。

正因如此，才會固執地認為借款是糟糕透頂的事。

但能夠借到錢，其實證明了你已經獲得社會的信任與肯定。

由於能夠將從社會得到的價值轉變為自己未來的價值，其他人才會願意將錢借給你。我們沒有理由不去運用這麼良善的機制。

而在借錢之後，你就會產生「我要努力還錢！」的意念。

這股意念最終會化為能量，讓你賺到錢。

其實我以前開設牙科醫院並協助家人事業時，也曾背負著4億日圓的借款。

我當然也會感到不安，心想「這麼大一筆錢，我到底要花多少年才能還清呢？真的還得出來嗎？」

可是在這個時候，我會不停地追問自己「我現在還能做什麼？」

「身體只有一副，手也只有兩隻。既然如此，我就得成為更加優秀的牙科醫師……」

在這股信念推動下，我每年參加國內外超過100場的研討會，而且一有空閒時間就讀書，始終持續學習。

於是在不知不覺間，來自國內外、為了接受植牙等特別治療而慕名而來的患者愈來愈多，最後我也藉此還清了所有借款。

那時候儘管我身上背負著龐大的債務，仍參加了費用昂貴的研討會並努力讀書。要是當時我沒有那麼做，或許就沒有現在的自己。

4億日圓這個數字聽起來確實令人不安，不過現在回想起來，那筆借款無疑成為了我持續前進的動力。

如果是上班族，應該也有很多人會設定「努力還清房屋貸款」這樣的目標。換句話說，正因為有負債，人才會想要拚命工作；有時候也正是透過借錢，才能獲得挑戰新事物的契機。

人只有在背負負面因素時，才會產生朝向目標努力的幹勁與力氣。

不過，也不是所有的借款都是好的。

會降低目前生活品質的借款就是NG的。

去借金額高到難以還清的房屋貸款，或單純為了虛榮而用貸款買豪車等等，都是不應該做的事。

所謂好的借款，最大的前提便是在不會降低目前生活品質的情況下，擬定出能夠長期還款的計畫。

雖說自己講這個還是挺不好意思的，不過其實我從小時候開始就過著相當富裕的生活。也因此，在面對自己背負的債務時會感到惶恐不安。

然而不管在多麼美好的家庭環境中成長，終究還是得獨立、成為一個大人。

社會上有些人即使長大了，仍只靠著雙親的資產過活，而這當中有許多都是無法自立、也沒有什麼人格魅力的人。

換句話說，**金錢必須靠自己創造出來才會有價值。**

請在理解這一點之後，好好面對自己與金錢的關係吧。

習慣47

不該養成的！追求「意義」而工作

這麼做更順利！追求「賺錢」而工作

但凡正在求職的學生，都會被老師問到「你將來想做什麼？」。為了決定好未來的工作，老師這麼問是理所當然的，也沒有人會去質疑這一點。

也就是說，**把自己想做的事當成工作被認為是最基礎的觀念之一。**

可是實際上，剛畢業就進公司並一直在該公司待到退休的人幾乎不存在，大多數的人在過了幾年後就會跳槽。

之所以有這麼多人明明願望是進入那間公司，好不容易被錄取後卻在幾年內離職，是因為出現了「不是自己想像中的工作內容」或「賺得沒有想像中多」等問題。

根據某求職網站近期的離職理由排行榜所示，第1名是人際關係，第2名是加班和假日出勤，第3名是工作內容，第4名則是工作內容與求職時的說明不同，最後第5名是薪水太少。

人際關係某種程度上是無可奈何的事，**但除此之外的理由總歸一句就是「工作的報酬配不上自己工作的量」。**

換言之，如果工作內容有充分對應的報酬，員工就很有可能不會離職。

我們可以由此看出，許多人嘴巴上說最重視的是工作的意義，**但實際上大家追求的都是報酬。**

然而社會上的主流意見卻是「把想做的事當成工作」、「把喜歡的興趣當成工作」，**沒有任何人會開口說「去做可以賺錢的工作」。**

當然，追求工作的意義也很重要。

不過**因為想賺錢才努力的想法，就結果來說它本身就是一種工作意義。**

因此，**從「我要做什麼才能賺錢？」這個視角來選擇工作就變得很重要了。**

會在檯面上說「我想賺錢」的日本人不多，但其實大家都想要錢。既然如此，透過報酬來選職業就不是壞事。

話雖如此，還是會有人覺得不知道自己該選什麼工作吧。

這種時候，請試著思考你一直持續做到現在、或曾經拚了命努力過的事，接著選擇與其相關的工作，就會是最佳答案。

不管是什麼工作，一開始肯定都要吃點苦。

如果只把喜歡的事情當成工作，對於工作價值或意義的期待不免會愈來愈膨脹，最終期待落空，覺得「原來現實就是這樣」。

與其如此，**還不如一開始就不要抱持什麼期待，而且同樣都很辛苦的話，那報酬更高的肯定比較好。**

因此，請不要以工作的意義為優先，而是以報酬來選擇工作吧。就結果而言，這麼做才能長長久久。

不該養成的！尋找一夕致富的機會

這麼做更順利！試著慢慢增加收入

日本人最喜歡「努力」或「毅力」這些字。

但實際上，有很多人並不擅長勤奮刻苦地努力，想要立刻看到成果，也不願把時間花在無用的努力上。

但既然是可以輕鬆取得的事物，那麼其他任何人也能輕鬆取得，這當中就不存在什麼稀有價值。

如同前述，現在這個時代必須「被選上」才能獲得成功。

就算迅速取得某些東西，或完成所有人都能做到的事，但這些事物若本身沒有價值，也就無法為你帶來成功的機會。

這邊稍微離個題，我不論是在老家的北海道帶廣，還是在東京都內，每週都一定會花3天做重訓。

在重訓的過程中，我深刻體會到人實在無法在短時間內練出六塊肌。

為了練出六塊肌，除了鍛鍊腹肌之外，最重要的是要均衡訓練相關肌群。在鍛鍊腹肌的同時，也必須均衡鍛鍊周圍的肌肉，這樣才能練出漂亮的六塊肌。

換句話說，持之以恆的努力非常重要。

與肌肉相同，還沒打好基底就立刻做出來的東西是相當不穩定的。

金錢也同樣如此。想要一夕致富，這種想法就跟「不想努力卻想要錢」的心態如出一轍。

現實中中樂透的人有9成都會在之後的人生過得很辛苦，這都是因為他們不了解金錢的重要性與運用方式。

這同時也代表著**輕易取得的東西很容易毀壞。**

這個道理不僅限於金錢。

學生時期，剛入學時被大家認為「頭腦很好」的人，往往成績會逐漸下滑。相反地，一開始成績不佳但持續努力的人，之後反而能取得優秀成績，這類案例可說是隨處可見。

我在就讀研究所時，也曾歷經一段無論怎麼做都無法在研究中拿出理想成果的辛苦時期。但我仍每天一點一滴地分析數據，最終在那項研究上取得比其他人更優異的成績。

那時候我才真正體會到，即使眼前的作業看似平凡無奇，只要持續不懈地努力，就能一步步接近終點。

如果你**正在思考「怎麼做才能不用工作又暴富」，那很遺憾地，我必須告訴你這是不可能的。**

萬一你真的獲得一筆巨額財富，但因為自己沒有駕馭這筆錢的器量，就無法真正意識到金錢的重要性，結果反而更有可能變得不幸。

若真的想成為有錢人，唯一的原則就是「欲速則不達」。

請認真、誠懇地面對眼前的工作與所處的環境。

只要養成堅信這一點的習慣，你的收入一定會不斷提升。

習慣 49

不該養成的！

無現金主義

這麼做更順利！

現金主義

電子支付逐年進步，已經有很多人「錢包裡面只放卡片」了，**然而我仍堅持使用現金。**

電子支付的確很方便，這樣就不用在便利商店櫃台丁鈴噹啷地掏出零錢付款。而在支付計程車車資時，用卡片支付也遠比現金快速，能顯著減少不必要的付款時間。

但我如果錢包裡沒放現金，就會覺得渾身不對勁。

現在的日本，誰也無法預測什麼時候、在哪裡會發生大地震或嚴重災害。

實際上，詢問曾經歷過災害的人，他們常會提到：「就算商店有開，但因為身上沒有現金，什麼也買不到，只能辛苦奔波」，或是「即使電來了，但因為ATM無法使用，根本無法領錢」。

換句話說，**真的發生什麼事情時，身上有沒有現金會讓你的處境產生巨大差異。**電子支付或許相當方便，但若想在緊急情況下立即動用金錢，那現金就是唯一的選擇。

既然如此，隨身攜帶現金也可以視為一種護身符。

如同前面再三提到的，金錢是一種能量，而讓金錢持續流動才是最理想的用錢方式，**那麼理所當然地，把這份能量隨身攜帶肯定比較好。**

可就算隨身帶再多現金，也有人會在錢包裡塞滿用不到的收據或各種卡片。**這樣的錢包根本就是在草率對待金錢。**

隨便對待的物品很容易損壞。同樣地，若對金錢也如此敷衍，自然無法產生正向能量，還請各位牢記這一點。

習慣 50

不該養成的！看不起提升財運的效果

這麼做更順利！積極採納提升財運的方法

每個人都會許願，希望自己財運亨通。

電視或雜誌經常會做這類特輯，網路上關於提升財運的報導也非常受歡迎。

到了年關時節，總是會出現像是「想提升財運就選△色的錢包」這類資訊，這正代表了所有人對金錢都有興趣。

題外話，10多年前曾有一位患者送了我一個很稀奇的東西。

那是用奇怪的摺法摺起來的一萬圓鈔票與一千圓鈔票。

根據他的說法，把一萬圓鈔票摺得像是1億圓，把一千圓鈔票摺得像是100萬圓，再放進錢包裡，似乎就能提升財運。

儘管我對於患者送錢這件事感到有些抗拒，但畢竟對方是特地為我準備的，我還是坦率地感謝這份心意並將那些鈔票收下來。

從那之後，這兩張鈔票就一直陪伴在我身邊。

即使更換了新的錢包，我也一定會把這兩張鈔票一併換過去。或許正是因為有這兩張鈔票的庇佑，我至今從未為錢所困。

這世上總有人對一些小咒語、小儀式嗤之以鼻，當成是愚蠢行為。

然而任何事物都是從內心的信念開始顯現、化作行動，最後塑造出現實。

可以說，**當你在心中產生「我才不信那種東西，反正沒用」的瞬間，你的現實就已經被決定了。**

說穿了，那些看不起財運提升方法的人，就跟那些把別人的建言，如「這麼做能提高成績」、「這樣做工作會更有效率」，當成耳邊風的人一樣。

擁有這種思維模式的人，往往無法相信別人的教導，也很可能不會感謝別人所提供的建議。

沒辦法感謝他人，就代表他無法與對方交換能量，因此自然而然地，不論是人還是錢，都會離他而去。

如果你**相信能夠提升財運的咒語，那就是你重視金錢的證據。**

而擁有這種想法的人，肯定能夠透過良好的循環獲得更多財富。

我要再三強調，金錢是一種能量。

希望各位可以意識到，如何運用手上的錢，將會讓你的人生產生巨大的改變。

Epilogue

你正站在一切的源頭

以下這段話，是在印度教中流傳的一個說法。

改變自己，對方也會改變。
改變自心，態度也會改變。
改變態度，行動也會改變。
改變行動，習慣也會改變。
改變習慣，人格也會改變。
改變人格，命運也會改變。
改變命運，人生也會改變。

如同正文裡稍微提到的，我在30幾歲時遭遇事故，並以此為契機開始學習自我啟發與潛意識。

當時碰巧看到的這段話，讓我察覺到「我正站在一切的源頭」。

我開始思考，既然我的世界可以由我自身創造，那麼我就暫且拋下過去的自己，試著創造一個嶄新的我吧。

為了創造嶄新的自己，我首先做的就是審視我平時的所有行為。

我試著寫下那些平常覺得理所當然的事。

於是我發現，自己其實有著固定的習慣，並活在這些習慣當中。

接著我想到，改變這些習慣或許能成為我跳脫原有框架的契機。

在察覺這一點後，我開始不斷反思自己的行為與說出口的話語。

「以往都很自然地選擇這一邊，但這樣真的好嗎？」

當心中浮現這樣的念頭時，我的所有行為也就隨之開始改變了。

然後回過神來，我發現自己已經擁有一個與以往截然不同的「嶄新自我」。

正因為曾經有過這段經驗，**我才能深刻體會到，了解自己的習慣，正是創造嶄新自我的契機。**

你的習慣會明顯地表露出你是什麼樣的人。

可是你的習慣卻不全是你刻意決定或實行的。

成長的環境、雙親、朋友等等，與你有關的一切人事物，都會逐步形塑出你現在的習慣。

正因如此，**首先請你接納自己，即使發現自己有壞習慣，也不代表你就是錯的。**

只要能夠察覺，自那一刻起，你就能慢慢放下那些長久以來影響你的壞習慣。

拿起這本書並閱讀到最後的你，已經是個能客觀審視自己習慣的優秀人才了。

還請你就從現在開始，養成接近理想自己的習慣吧。

這麼一來，你的行為肯定會改變，進而改變習慣，改變你的未來。

你正站在一切的源頭。

現在，新的世界已經在你眼前展開。

能夠見證你啟程走上全新的人生道路，我感到非常欣慰。

井上裕之

作者簡介

井上裕之

井上牙科醫院理事長。牙醫學博士、經營學博士。1963年生於北海道。東京牙科大學研究所畢業後，為了學習世界級的技術前往紐約大學、賓夕法尼亞大學、哥德堡大學繼續深造，最後開辦了醫療法人社團井上牙科醫院。在自家醫院擔任理事長的同時，也兼任東京醫科牙科大學、東京牙科大學非常任講師，以及印第安納大學客座講師等國內外6所大學的教職。其技術深受國內外好評，特別在最新醫療、快速療程的技術也曾被媒體（新聞節目「未來世紀Zipangu」）報導，受到各界矚目。世界首位獲得約瑟夫・墨菲基金會（潛意識權威）認證的特級大師。除了本業外，在學習世界級的能力開發課程與經營課程後，創造了其獨特的成功哲學「生命指南針」，倡導「有價值的生活態度」，並以作者身分於全國各地舉辦巡講。

著作銷量累計超過130萬冊。取材自真實經歷的處女作《自分で奇跡を起こす方法》（FOREST出版）曾被電視節目（「奇蹟體驗！Unbelievable」）所介紹，獲得廣大迴響。此外亦著有多本暢銷書如《「学び」を「お金」に変える言葉》（KANKI出版）、《なぜかすべてうまくいく1％の人だけが実行している45の習慣》（PHP研究所）、《なぜ、あの人の仕事はいつも早く終わるのか？》、《「変われない自分」を一瞬で変える本》（Kizuna出版）等等。

與成功擦肩而過的50個壞習慣

出　　版／楓書坊文化出版社
地　　址／新北市板橋區信義路163巷3號10樓
郵政劃撥／19907596 楓書坊文化出版社
網　　址／www.maplebook.com.tw
電　　話／02-2957-6096
傳　　真／02-2957-6435
作　　者／井上裕之
編集協力／加藤道子
翻　　譯／林農凱
責任編輯／吳婕妤
內文排版／楊亞容
港澳經銷／泛華發行代理有限公司
定　　價／400元
初版日期／2025年9月

國家圖書館出版品預行編目資料

與成功擦肩而過的50個壞習慣 / 井上裕之作；林農凱譯. -- 初版. -- 新北市：楓書坊文化出版社, 2025.9　面；　公分

ISBN 978-626-7730-48-5（平裝）

1. 成功法

177.2　　114010803